Ingrid Biermann

Klara und die 24 Weihnachtsmäuse

Ingrid Biermann

Klara und die 24 Weihnachtsmäuse

Konzeptbuch für eine neue Adventsgestaltung im Kindergarten

HERDER
FREIBURG · BASEL · WIEN

3. Auflage

Gedruckt auf umweltfreundlichem, chlorfrei gebleichtem Papier

Umschlaggestaltung: Dietmar Prill, Freiburg
Illustrationen: Angela Weinhold, Essen

www.herder.de
Layout & Satz: DTP-Studio Helmut Quilitz, Denzlingen
Druck und Bindung: J. P. Himmer, Augsburg 2003
ISBN: 3-451-27643-7

Inhalt

Vorwort

Sobald die Vorweihnachtszeit vor der Tür steht, beginnt für viele Erzieherinnen eine sehr bastelintensive Zeit. Fast täglich wird ein Kreativangebot durchgeführt, denn jedes Kind soll möglichst für alle Mitglieder seiner Familie ein selbst gemachtes Geschenk erstellen. Da aber viele Kinder diesen Bastelanforderungen nicht gerecht werden wollen (oder können), muss die Erzieherin mit viel Überredungskunst die einzelnen Kinder motivieren. Das ist eine enervierende Arbeit, die wenig Raum für Besinnlichkeit, Behaglichkeit und Stille zulässt. Einfacher ist es, wenn sich Bastelangebote aus den Spielen, Liedern, Geschichten usw. entwickeln. So kann z. B. ein kleiner, selbst ausgeschnittener Weihnachtsstern im Anschluss an eine vorgelesene Geschichte oder ein gemaltes Bild nach einer Fantasiereise schon ein schönes Geschenk sein. Die im Laufe der Vorweihnachtszeit so entstandenen Basteleien sind dann ein Geschenk für Mutter, Vater oder andere nette Menschen. (Sie können gegebenenfalls in einem bunt beklebten Schuhkarton gesammelt werden.) Die Erzieherin hat die Möglichkeit, die so gewonnene Zeit mit besinnlicheren, stressfreieren Angeboten zu füllen.

Die in diesem Buch von mir vorgestellten Angebote beschränken sich daher auf besinnliche Spiele, Geschichten, Reime, Verse, Lieder, Fantasiereisen, Körpermassagen usw. Die Kinder werden durch die abwechslungsreiche Auswahl der Angebote zum Schauen, Spielen, Verweilen, Träumen, Zuhören und Mitmachen eingeladen. So finden sie die Ruhe um, gemeinsam mit anderen, den Zauber der Vorweihnachtszeit zu genießen. Auch Sie, liebe Erzieherin, erleben, zusammen mit den Kindern, die Faszination der Vorweihnachtszeit. Sie werden erstaunt sein, wie stressfrei und angenehm diese Zeit sein kann!

Dieses Arbeitsbuch ermöglicht es Ihnen und den Kindern, an jedem gemeinsam verbrachten Adventstag etwas Besonderes zu erleben. Der aktive Adventskalender zeichnet sich dadurch aus, dass er aus einem festen Ritual und aus freien Angeboten besteht. So lässt er jeder Erzieherin noch genügend Freiraum für eigene Ideen und Vorstellungen. Er gibt zwar einen Weg vor, erlaubt aber viele Umwege, die zum Ziel führen. So kommen weder die Kreativität der Erzieherin, noch die Wünsche der Kinder zu kurz. Wie an der Inhaltsangabe zu erkennen ist, ist die Zahl der Angebote größer als die Zahl der Adventstage, die im Kindergarten verbracht werden. Dadurch wird Ihnen ermöglicht, Ihre Angebote nach eigenen Wünschen zusammenzustellen. Natürlich können Sie auch andere Ihnen bekannte Lieder, Geschichten, Bilderbücher oder traditionelle Feste aus Ihrer Einrichtung berücksichtigen. So wird dieser Adventskalender ein auf die Bedürfnisse Ihrer Gruppe abgestimmter, individueller Kalender.

Ich wünsche Ihnen bei der Zusammenstellung der Angebote und bei der Durchführung viel Spaß und die nötige Zeit zur Besinnlichkeit. Dann, am Ziel dieser Reise, werden auch Sie entspannt und mit viel Freude das Weihnachtsfest im Kreise der eigenen Familie feiern.

Ingrid Biermann

Anleitung für den Gebrauch des aktiven Adventskalenders

Dieser ungewöhnliche Kalender ist eine (in einer Zimmerecke oder auf einem Tisch aufgebaute) Landschaft aus Steinen, Moos, Sand, Hölzern, Tannennadeln, Tannenzapfen, usw. Die Naturmaterialien können Ende November mit den Kindern gesammelt werden. In der Landschaft leben eine dicke gelbe Steinmaus, fünf kleine gelbe und viele rote, blaue und grüne Steinmäuse. Diese Mäuse gehen mit den Kindern durch die Vorweihnachtszeit und halten für sie eine Menge Überraschungen wie neue Lieder, Geschichten, Spiele und andere Ideen parat. Täglich fordert eine andere Maus die Kinder zum Raten, Singen, Spielen, Backen, Reimen, Träumen usw. auf. Diese „Tagesmaus“ kann von einem Kind mit nach Hause genommen werden, sie erinnert an das erlebte Angebot.

Die Farben kennzeichnen das besondere Talent jeder Maus.

So sind die roten Mäuse besonders musikalisch. Wird eine rote Maus aus der Landschaft genommen, gibt es an diesem Tag ein Lied, eine Klanggeschichte oder ein anderes Musikangebot. (**Rote Seiten im Buch**)

Die blauen Mäuse können gut erzählen. Wird eine von ihnen aus der Landschaft genommen, wird eine Reimgeschichte, eine Mitmachgeschichte oder Ähnliches angeboten. (**Blaue Seiten im Buch**)

Wird eine grüne Maus gewählt, so kennzeichnet diese einen Überraschungstag. (**Grüne Seiten im Buch**)

Die fünf kleinen gelben Mäuse werden am 1. Dezember, am ersten, zweiten und dritten Montag der jeweiligen Wochen und am letzten Kindergartentag vor Weihnachten als „Tagesmaus“ ausgewählt. Sie stellen die jüngsten Mäuse dar, die immer nur hinter Klara her laufen. Darum werden sie montags zusammen mit Klara in die Kreismitte gesetzt. Regelmäßig wird nach dem Angebot das Ritual, zu dem ein Lied und ein Vers gehören, durchgeführt. (Gelbe Seiten im Buch)

Täglich kann ein Kind die „Tagesmaus“ mitnehmen, die so bei einer Familie ein neues Zuhause findet. Nur Klara, die gelbe Maus, begleitet die Kinder durch die gesamte Adventszeit. Erst am letzten gemeinsam verbrachten Tag im Kindergarten verschwindet sie spurlos und kommt (wenn alle Glück haben) irgendwann zurück.

Für jede entnommene Maus wird eine Duftkerze im Glas in die Landschaft gestellt und angezündet. Sie soll, so wie in der Geschichte beschrieben, ein duftender Wegweiser für die kleinen Mäuse sein. So entsteht eine wohlriechende Landschaft, die dem Gruppenraum zusätzlich eine weihnachtliche Atmosphäre gibt.

Herstellung der Weihnachtsmäuse

25 Steine werden einige Tage vor dem ersten Dezember gesammelt und mit Plakafarbe angemalt. Davon ist einer besonders dick. Dieser bekommt die Farbe gelb und dient als Mäusemutter Klara. Fünf kleinere Steine werden gelb angemalt, sie symbolisieren die jüngsten Mäuse von Klara. Die restlichen Steine werden rot, blau oder grün angemalt. Allen Steinen werden mit Heißkleber ein Schwanz aus Wolle oder Leder, Ohren und Augen aus Pappe oder Leder und Barthaare aus Besenhaaren angeklebt. Schon sind sie in bunte Weihnachtsmäuse verwandelt und können am ersten Dezember in die gemeinsam errichtete Landschaft gestellt werden.

Alle Mäuse werden farblich gemischt und jeder wird eine Abziehzahl auf den Rücken geklebt. So kann sich die Erzieherin die Reihenfolge der Angebote selbst zusammenstellen und den Ablauf ihren Wünschen entsprechend gestalten.

(Bitte daran denken, dass die kleinen gelben Mäuse die Montagsmäuse sind und dementsprechend nummeriert werden müssen.)

Anleitung für das Ritual

Am 1. Dezember, am ersten, zweiten und dritten Montag im Dezember sowie am letzten Kindergartentag vor Weihnachten ist Klaratag, der mit gleichbleibendem Ritual durchgeführt wird. Dazu sitzen die Kinder im Stuhlkreis mit Blick zum gemeinsam erstellten „Bühnenbild". Klara wird in die Kreismitte auf ein besonders schönes Tuch gestellt und die Erzieherin erzählt immer eine neue „Klara-Geschichte".

Danach wird das Ritual durchgeführt. Dazu stellt die Erzieherin eine kleine gelbe Maus in die Kreismitte zu Klara. Nun wird der Vers gesprochen, wobei jeweils, der Woche entsprechend, eine oder mehrere große Adventskerzen angezündet werden und das Adventslied, mit der entsprechenden Anzahl von Strophen, gesungen wird. Anschließend geben die Kinder bei ruhiger Musik die kleine gelbe Maus im Kreis herum. Wird die Musik ausgestellt, kann das Kind, welches die Maus in der Hand hält, diese mit nach Hause nehmen. Ist ein Wochenende vorangegangen, werden die Mäuse für Samstag und Sonntag auf die gleiche Weise an die Kinder verteilt. Hat ein Kind schon eine Weihnachtsmaus, so wird sie an ein anderes Kind weitergegeben.

Adventslied „Sei gegrüßt"

Melodie: Jörg Schnieder
Text: Ingrid Biermann

1. Woche
Refrain:
Sei gegrüßt in dieser Runde,
sei gegrüßt zur Lichterstunde.
Die erste Kerze zünd' ich an,
damit das Licht weit strahlen kann.

Advent ist eine stille Zeit,
ja, sie macht dich und mich bereit
für die so stille Weihnachtsnacht,
für die ganz helle Lichterpracht.

2. Woche
Refrain: Sei gegrüßt … (2. Kerze)

Ja, Jesus wird bald bei uns sein,
dann ist er aber noch ganz klein.
Er liegt beschützt im warmen Stroh,
er macht alle Menschen froh.

3. Woche
Refrain: Sei gegrüßt … (3. Kerze)

Wir alle reichen uns die Hand,
gehn zusammen durch's Weihnachtsland.
Schau, dieses Licht, es leuchtet klar,
es sagt ganz leis: „Das Fest ist nah."

4. Woche
Refrain: Sei gegrüßt … (4. Kerze)

Ja, endlich ist es nun so weit,
du und ich, wir sind jetzt bereit

für diese stille heil'ge Nacht,
die uns alle so glücklich macht.

5. Woche
Refrain: Sei gegrüßt … (4. Kerze)

Die heil'ge Nacht, die ist nun da,
ich weiß es noch vom letzten Jahr.
Wir standen unterm Tannenbaum
und träumten unseren Weihnachtstraum.

Inhalt der gelben Seiten

Einstiegsgeschichte: Klara und die 24 Weihnachtsmäuse
Geschichte: Klaras Begegnung mit dem alten Mann
Geschichte: Klaras Begegnung mit der alten Frau
Geschichte: Klara sucht ein Geschenk für die Glitzerfee
Geschichte: Klaras Begegnung mit dem großen Stern

Klara und die 24 Weihnachtsmäuse

Einstiegsgeschichte für den 1. Dezember

Material

24 bunte Mäuse, eine dicke, gelbe Maus, 24 Duftkerzen (z. B. Tannenduft) oder Teelichter in einem kleinen Glas, ein Tisch (oder eine frei geräumte Zimmerecke), große grüne oder braune Tücher als Unterlage für den Waldboden, eine Lampe, entspannende Musik, ein Kassettenrekorder, Lametta in Silber, Silberspray, eine große Adventskerze, Naturmaterialien nach Belieben, z. B. Tannengrün, Tannenzapfen, Moos, Hölzer, Baumrinde, Steine, Sand, Äste und Zweige.

Hinweis

Sollten mehr als 24 Kinder in der Gruppe sein, so muss natürlich die Anzahl der roten, blauen und grünen Mäuse erweitert werden, damit am letzten Kindergartentag jedes Kind eine Weihnachtsmaus bekommen hat.

Raumvorbereitung

Ein Stuhlkreis wird im abgedunkelten Raum mit Blick auf den Tisch oder die freigemachte Zimmerecke gestellt. Alle oben genannten Materialien und der Kassettenrekorder stehen griffbereit. Sie sind mit einem Tuch abgedeckt. Eine Lampe erhellt den Raum.

Einstieg

Die Kinder sitzen im Kreis. Die Erzieherin begrüßt sie, lässt entspannende Musik laufen und bittet die Kinder, die Augen zu schließen. Nun gibt sie die Naturmaterialien zum Fühlen und Riechen herum (Tannenzweig, Tannenzapfen, Moos), die Kinder können raten, um was es sich handelt. Die Musik wird abgestellt und in einem Gespräch können die Kinder alles, was sie über die Materialien wissen, erzählen. Die Musik wird wieder angestellt, die Kinder schließen erneut die Augen und stellen sich einen Wald vor. Die Erzieherin stellt in der Zwischenzeit die Naturmaterialien bereit. Gemeinsam wird nun die in ihrer Fantasie entstandene Waldlandschaft (ohne die Mäuse) gelegt. Eine Lampe beleuchtet dieses „Bühnenbild“. Die Kinder betrachten bei ruhiger Musik eine Zeit lang ihr Werk. Danach lädt die Erzieherin zu einer besondern Geschichte ein, die sich in einer solchen Waldlandschaft zugetragen hat.

Geschichte

In einem dichten Tannenwald wohnt die graue Maus Klara. Sie ist eine stolze Mäusemutter von vielen kleinen, grauen, lebhaften Mäusekindern. Die Kleinen strolchen von früh bis spät im Wald herum und Klara muss den ganzen Tag ihre Augen offen halten und ihre Ohren spitzen, um ihre Kinder vor den Gefahren des Waldes zu schützen. Das ist oft eine sehr anstrengende Arbeit, denn auf so viele Kinder aufzupassen, ist gar nicht einfach. Wenn das Wetter mal sehr schlecht ist, bleiben die Kleinen zu Hause und basteln, backen oder singen gemeinsam mit Klara, denn niemand will dann hinaus in den nassen und kalten Wald. Dabei entdeckt Klara, dass ihre vielen Kinder besondere Talente haben. So können einige von ihnen sehr gut raten und reimen, andere sehr gut singen und wieder andere sehr gut Geschichten erzählen. Im Wald wohnt aber nicht nur Klara mit ihren zappeligen Mäusekindern, sondern auch ihre Freundin, die Glitzerfee. Das ganze Jahr über sieht niemand etwas von ihr. Nur in der Vorweihnachtszeit verzaubert sie mit hauchdünnen, glitzernden Fäden und zartem Glitzerpuder den Wald und schenkt ihm so ein geheimnisvolles Kleid.

Abends, wenn die Mäusekinder schlafen, besucht Klara oft die Glitzerfee. Dann bleibt ihr alter Freund, der Maulwurf Buddel, bei den Kleinen. Er wohnt im Gang nebenan und so kann er jederzeit, wenn Klara aus dem Haus ist, schnell rüberkommen und aufpassen. Die Glitzerfee wohnt hoch oben in der Krone eines alten, dicken Baumes. Niemand außer Klara kennt sie und niemand kann sie sehen, denn keiner hat so gute Ohren und Augen wie Klara. Die beiden sitzen oft zusammen und Klara erzählt von ihren kribbeligen und unruhigen Mäusekindern und davon, dass sie die Kinder jeden Abend, bevor sie ins Bett gehen, abzählen muss. Nur so kann sie feststellen, ob auch alle wieder zu Hause sind. Dabei muss Klara gut aufpassen, denn ihre Kleinen sind so zappelig, dass sie beim Zählen schnell ein Mäusekind übersieht. Wenn sie es endlich geschafft hat und ihre große Kinderschar im Bett ist, dann erzählt Klara ihnen noch eine Gute-Nacht-Geschichte oder singt mit ihnen ein Lied. Klara erzählt der Glitzerfee aber auch, dass ihre Kinder besondere Talente haben und dass sie darauf sehr stolz ist.

Auch die Glitzerfee berichtet jeden Abend etwas Neues. Sie erzählt Klara von den Menschenkindern, die im Dorf hinter dem Wald woh-

nen. Manchmal schwebt sie abends leise durch dieses Dorf und schaut in die Fenster. Vor einigen Fenstern bleibt sie lange sitzen und schaut besonders interessiert den kleinen Menschenkindern beim Spielen zu. Dabei stellt sie fest, dass auch sie sehr zappelig und unruhig sind, genauso wie die Mäusekinder. Jetzt, in den Tagen vor Weihnachten, sind die Menschenkinder jedoch besonders unruhig und zappelig. Sie springen und toben durch das Haus und können gar nicht still sein. Das macht die Glitzerfee ein wenig traurig, denn wenn die Menschenkinder so unruhig bleiben, dann können sie gar kein ruhiges Weihnachtsfest feiern. Auf dem Heimweg denkt Klara oft an das, was ihr die Glitzerfee über die Menschenkinder erzählt hat.

Die Tage und Nächte im Wald vergehen und es wird immer kälter. Klara kann ihre Mäusekinder mit dem dünnen Fell jetzt nur noch ganz selten nach draußen lassen. So singen und spielen sie zusammen in den Gängen unter der Erde. Doch die Mäusekinder werden täglich größer und die Wohnung wird immer enger. Klara denkt oft an den Tag, an dem sie ihre Kinder in die Welt hinausschicken muss, damit sie ihr eigenes Leben leben. Doch bis dahin vergehen noch viele Tage und Klara genießt die Zeit mit ihren Kindern.

Wenn Klara jetzt in den kalten Wintertagen zur Glitzerfee geht, dann friert auch sie. Eines Abends fällt der erste Schnee auf die Erde und Klara kommt durchgefroren und sehr erschöpft bei ihrer Freundin an. Auch an diesem Abend erzählt Klara von ihren unruhigen und zappeligen Kindern, aber auch davon, wie sie heute zusammen gesungen, gebacken und viel gelacht haben. Die Glitzerfee hört sich alles gut an. Auf einmal merkt Klara, dass ihre Freundin sehr traurig aussieht. Nachdem Klara alles von ihren Mäusekindern erzählt hat, erzählt auch die Glitzerfee wieder von den kleinen, zappeligen Menschenkindern und davon, dass es mit ihnen von Tag zu Tag schlimmer wird. Klara und die Glitzerfee sitzen in dieser Nacht sehr lange stumm da und überlegen, wie sie den Menschenkindern helfen können, ihre Ruhe wiederzufinden. Klara spitzt dabei ihre Ohren und bekommt ganz viele Falten auf die Stirn, so angestrengt denkt sie nach. Plötzlich strahlt sie und sagt: „Ich muss meine Mäusekinder doch sowieso bald in die Welt hinausschicken. Die Mäusewohnung wird für alle viel zu klein. Dann können sie doch jetzt schon zu den Menschenkindern gehen und mit ihnen singen, ihnen Geschichten erzählen oder mit ihnen träumen. Vielleicht gelingt es meinen Kindern, den Menschenkindern bis zum Weihnachtsfest ein bisschen Ruhe zurückzubringen." Doch kaum hat Klara das gesagt, macht sie ein nachdenkliches Gesicht und wispert:

„Ach, es ist ja draußen viel zu kalt und meine kleinen Mäuse haben ein viel zu dünnes Fell. Ich kann sie so nicht ins Dorf schicken. Sie werden erfrieren. Ich glaube, meine Idee war doch nicht so gut." Die Glitzerfee schmunzelt und sagt: „Weißt du denn nicht, dass Feen immer eine Lösung für alle Probleme finden? Hör gut zu. Ich kann, wie alle Feen, zaubern. Ich werde deinen kleinen grauen Mäusen ein besonderes Fell zaubern, in dem sie nicht frieren und das sie so in ganz besondere Weihnachtsmäuse verwandelt. Die Mäusekinder, die gut singen können, bekommen ein rotes Fell, die, die besonders gute Geschichten erzählen können, bekommen ein blaues Fell und diejenigen, die die Menschenkinder mit etwas Besonderem überraschen, bekommen ein grünes Fell. Deine kleinsten fünf Mäusekinder bekommen, weil sie dir besonders ähnlich sind, ein wunderschönes leuchtend gelbes Fell. Jeden Tag soll dann eines deiner Mäusekinder in eine Familie gehen und dort mit den kleinen Menschenkindern raten, singen und spielen, um sie so auf das Weihnachtsfest einzustimmen." Klara macht immer noch ein etwas nachdenkliches Gesicht und sagt: „Bestimmt will jede Maus, sogar meine fünf kleinsten Mäusekinder, die Erste sein, und ich weiß nicht, in welcher Reihenfolge ich sie gehen lassen soll." „Auch dafür gibt es eine Lösung", sagt die Fee. „Mach dich nun in Ruhe auf den Heimweg und wenn du zu Hause bist, wirst du sehen, dass sich alle deine Probleme gelöst haben. Aber besuche mich bitte bald wieder und erzähle mir, was du in der Zwischenzeit im Wald erlebt hast." Klara bedankt sich bei ihrer Freundin und trippelt durch den tiefen Schnee nach Hause zurück. Auf dem Heimweg friert sie gar nicht mehr so sehr wie sonst. Zu Hause angekommen, läuft sie sofort zu ihren Kindern. Sie glaubt zu träumen! Blaue, grüne, rote und fünf gelbe Mäuse liegen, mit einer Zahl auf dem Rücken, im Bett und schlafen. Auch ihr Freund Buddel ist eingeschlafen. Klara weckt ihn und erzählt ihm leise, was sie erlebt hat. Buddel kann diese Geschichte kaum glauben. Doch als er die bunten Mäuse sieht, weiß er, dass Klara ihm kein Märchen erzählt hat. Noch ganz verwirrt geht er zurück in seine Höhle. Auch Klara ist müde. Sie legt sich neben ihre Kinder und schläft sofort ein. Als die Mäusekinder am nächsten Morgen aufwachen sind sie ganz überrascht. Was ist mit ihnen in dieser Nacht passiert? Warum haben sie ein buntes Fell mit einer Nummer auf dem Rücken?

Klara erzählt was geschehen ist und sagt: „Meine Freundin die Glitzerfee hat aus euch Weihnachtsmäuse gemacht. Jeden Tag geht eine von euch zu den Menschenkindern, um ihnen mit Liedern, Spielen, Geschichten und vielen anderen Dingen das lange Warten auf Weihnachten zu verkürzen." Jetzt erst bemerkt Klara, dass auch ihr Fell, so wie es die Glitzerfee gesagt hat, gelb ist. Nun ist auch sie eine Weihnachtsmaus! Klara und ihre Kinder freuen sich auf die jetzt beginnende schöne Vorweihnachtszeit, vor allem freuen sie sich darauf, die kleinen Menschenkinder zu begleiten. Klara ist stolz auf ihre Kinder, denn sie weiß, nur besondere Mäusekinder, so wie ihre, dürfen Weihnachtsmäuse sein. Von nun an verabschiedet sie sich täglich von einem ihrer Kinder. Damit ihren Mäusekindern auf dem Weg zu den Menschenkindern nichts geschieht und sie ins Dorf finden, stellt sie jeden Tag für jedes Kind eine Duftkerze im Wald auf. So wird im Nu aus dem farblosen Winterwald ein duftender Glitzerwald.

Abschluss

Die Erzieherin bittet die Kinder, die Augen zu schließen, da sie eine Überraschung hat. Sie holt die farbigen, nummerierten Mäuse und Klara, die gelbe Maus und stellt sie in die Kreismitte. Die Kinder öffnen die Augen, betrachten die herrlich bunten Weihnachtsmäuse und stellen sie in die Waldlandschaft. Danach verwandeln sie gemeinsam mit der Erzieherin, mit Hilfe von Lametta und Glitzerspray, den Wald in einen Glitzerwald. Zum Schluss nimmt die Erzieherin die kleine gelbe Maus mit der Zahl 1 aus dem Wald. Diese stellt sie mit Klara und einer großen Kerze in die Mitte. Gemeinsam wird das Montagsritual mit dem folgenden kleinen Vers durchgeführt.

Die Montagsmaus
Die erste kleine Montagsmaus
sitzt ganz still vor ihrem Haus.
Sie steckt nun eine Kerze an,
damit man sie gut sehen kann.
(Die Erzieherin steckt die erste große Adventskerze an.)
Sie sagt: „Bald kommt die heil'ge Nacht,
die allen sehr viel Freude macht."
Die Montagsmaus geht mit ein Stück
und bringt den Frieden uns zurück.
Sie singt ein Lied von dem Advent,
das bald schon jeder von uns kennt.
Komm, sing mit, mach dich bereit,
für die schöne, stille Zeit.
(Gemeinsam wird eine Strophe
des Adventsliedes gesungen.)
Die Maus bläst nun die Kerze aus
und will zu einem Kind ins Haus.
(Die Erzieherin bläst die große
Kerze aus.)

Zum Schluss wird entspannende Musik angestellt und die Kinder reichen die kleine gelbe Maus im Kreis von einem zum anderen weiter. Wird die Musik ausgestellt, so kann das Kind, welches die Maus in seiner Hand hält, diese als Geschenk mit nach Hause nehmen.

Dann wird eine Duftkerze in die Landschaft gestellt und angezündet.

Hinweis Ist ein Wochenende gewesen, so werden auch die Mäuse für die Wochenendtage aus dem Wald geholt und auf die gleiche Weise an die Kinder verteilt.

Klaras Begegnung mit dem alten Mann

Zweite Klarageschichte und das zweite Montagsritual

Material Ein Kassettenrekorder und ruhige Musik, mehrere Teelichte im Glas, zwei große Adventskerzen, eine Lampe, die gelbe Klaramaus, ein großes Tuch, eine kleine gelbe Maus, zwei Duftkerzen.

Raumvorbereitung Ein Stuhlkreis mit Blick auf die Landschaft wird gestellt. Der Raum ist verdunkelt. Eine Lampe strahlt die Landschaft an. Mehrere Teelichter geben dem Gruppenraum eine adventliche Atmosphäre. Klara und die kleine gelbe Maus stehen auf dem Tuch in der Kreismitte.

Einstieg Die Kinder sitzen im Kreis. Die Erzieherin erzählt ihnen in dieser verzauberten Atmosphäre eine neue Geschichte von Klara.

Geschichte Schon seit unendlich langer Zeit wohnt ein alter Mann in einer Holzhütte tief im Wald. Er muss schon sehr alt sein, denn er hat einen weißen langen Bart, der ihm bis zur Brust reicht. Dieser Mann sorgt das ganze Jahr über für die Tiere, denn sie sind seine besten Freunde. Jeden Morgen kommen sie aus allen Richtungen zu seinem Haus und holen sich dort Möhren, Kartoffeln, Nüsse, Kastanien und sogar Käse und Wurst. Auch Klara, die wieder unterwegs ist, um für ihre Kinder

Futter zu suchen, hat bei ihrem nächtlichen Ausflug die Hütte dieses alten Mannes entdeckt. Sie sieht, wie er mit einer Säge, einem Hammer und vielen Nägeln einen Schlitten repariert. Klara schaut aus sicherer Entfernung dem alten Mann bei der Arbeit zu. Auf einmal bekommt sie großen Hunger. Ganz leise trippelt sie zu einer offenen Tür. Doch als sie hineinflitzen will, entdeckt der alte Mann sie. Er greift nach ihr und trägt sie ins Haus. Klara hat schreckliche Angst. Wird er sie einsperren oder vielleicht sogar der Katze zum Frühstück reichen? Doch der alte Mann schaut sie freundlich an, setzt sie vor den warmen Kamin und gibt ihr ein Stück Käse. Ruck, zuck hat Klara es aufgefressen. Dann setzt er sie auf ein weiches Kissen. Sie bleibt dort ganz still sitzen und schaut dem alten Mann zu. Er packt viele schöne Spielsachen ein und legt die Päckchen in einen großen Sack. Im Nu hat er viele Säcke bis oben hin gefüllt. Diese bindet er zu und legt sie auf den Schlitten. Klara wundert sich sehr. Was er wohl mit den Säcken macht? Sie ist sehr neugierig und als der alte Mann seinen roten Mantel und seine dicken Winterstiefel anzieht und das Haus verlassen will, flitzt sie noch im letzten Augenblick mit hinaus. Sie springt auf den Schlitten und versteckt sich zwischen den Säcken. Der alte Mann holt aus einem Stall zwei Pferde und spannt sie vor den Schlitten. Dann steigt er auf und schon geht die Fahrt los. Klara spürt den kalten Wind, der ihr bei der schnellen Fahrt durch die Barthaare weht. Sie krallt sich fest und nach einer langen Reise hält der Schlitten an. Klara blinzelt zwischen den Säcken hervor und sieht, wie der alte Mann leise und ganz schnell vor jede Haustür ein Päckchen legt. So leert er nun einen Sack nach dem anderen. Als der alte Mann den Sack hinter dem Klara sitzt holt, springt sie in letzter Sekunde fort. Doch herrje, dabei landet sie in der Kapuze des roten Mantels. Wie soll sie hier wieder heraus kommen? Als der alte Mann auch den letzten Sack geleert hat, steigt er auf seinen Schlitten und wie ein Blitz fährt er los. Klara kann in der Kapuze gar nichts sehen. Sie weiß nicht, wohin die Fahrt geht. Plötzlich hält der Schlitten, der alte Mann steigt aus, geht in die Hütte und zieht seinen Mantel aus. Das ist Klaras Rettung. Schnell krabbelt sie heraus, läuft aus der Hütte und verschwindet im Wald. In ihrer Höhle angekommen, ist sie völlig außer Atem und erschöpft. Als Buddel sie sieht, kommt er ganz nah an sie heran und fragt leise: „Was ist passiert?“ Damit die Kinder nicht aufwachen, gehen sie in den Gang nebenan. Dort erzählt Klara ihm von ihrer Begegnung mit dem alten Mann. Sie fragt Buddel leise: „Warum hat der Mann die Päckchen vor jede Tür gelegt?“ Buddel lacht und flüstert Klara etwas ins Ohr und dann geht er in seine Höhle zurück. Klara lächelt nun auch, krabbelt ganz leise zu ihren Kindern und schläft ein.

Abschluss Die Kinder können gemeinsam überlegen, was Buddel Klara ins Ohr geflüstert hat. Wer der alte Mann war, kann auch gemeinsam geklärt werden. Nun wird das Montagsritual durchgeführt. Die Erzieherin stellt zu Klara und der gelben Maus zwei große Adventskerzen. Der Montagsvers wird in veränderter Form vorgetragen (siehe Einstiegsgeschichte: Die **zweite** kleine Montagsmaus…, sie steckt die zweite Kerze an), die Kerzen werden angezündet, das Adventslied wird mit zwei Strophen gesungen, die kleine gelbe Maus wird bei ruhiger Musik im Kreis herumgegeben usw. Danach werden in gleicher Weise die Wochenendmäuse verteilt und die Duftkerzen in die Landschaft gestellt.

Hinweis Im Freispiel können die Kinder, die Interesse haben, ein Bild vom Nikolaus malen. Sie können es auf bunte Pappe kleben und aus Goldpapier einen Rahmen gestalten. Das Bild kann als Geschenk in einem dafür vorgesehenen Schuhkarton gesammelt werden.

Klaras Begegnung mit der alten Frau

Dritte Klarageschichte und das dritte Montagsritual

Material

Ein Kassettenrekorder und ruhige Musik, mehrere Teelichte im Glas, drei große Adventskerzen, eine Lampe, die gelbe Klaramaus, ein großes Tuch, eine kleine gelbe Maus, drei Duftkerzen.

Raumvorbereitung

Ein Stuhlkreis mit Blick auf die Landschaft wird gestellt. Der Raum ist verdunkelt. Eine Lampe strahlt die Landschaft an. Mehrere Teelichter geben dem Gruppenraum eine adventliche Atmosphäre. Klara und die kleine gelbe Maus stehen auf dem Tuch in der Kreismitte.

Einstieg

Die Kinder sitzen im Kreis. Die Erzieherin erzählt ihnen eine neue Geschichte von Klara.

Geschichte

Heute ist ein besonders kalter Tag. Es hat geschneit und der Schnee hat die Erde mit einer dicken weichen Decke zugedeckt. Klara will in das nahegelegene Dorf um dort eine alte Frau zu besuchen, die ganz allein in einem großen Haus wohnt. Klara kennt sie schon lange, sie war oft bei ihr. Klara hat sich auf die Fensterbank gesetzt und die Frau beobachtet. Dabei hat sie gesehen, wie die Frau immer allein gegessen, allein in ihrem Wohnzimmer Zeitung gelesen, allein Weihnachtsplätzchen gebacken, allein Weihnachtslieder aus dem Radio gehört und auch an vielen Abenden allein an ihrem Ofen gesessen hat. Klara hat nie jemanden bei ihr gesehen. Manchmal sah die Frau sehr traurig aus und deshalb will Klara sie heute besuchen. Sie läuft zu Buddel und bittet ihn, auf ihre Kinder aufzupassen. Dann macht sie sich auf den Weg. Da es kalt ist, trippelt Klara auf dem kürzesten Weg zum Dorf. Als sie an dem Haus der alten Frau ankommt, sind ihre kleinen Füße rot vor Kälte. Doch was ist das? Heute brennt im ganzen Haus kein Licht. Klara läuft zum Wohnzimmerfenster, springt auf die Fensterbank und schaut hinein. Doch da es dunkel ist, kann sie nichts sehen. Sie läuft um das ganze Haus herum und schaut durch jedes Fenster. Doch die Frau ist nirgends zu entdecken. Nun macht Klara sich Sorgen. Hoffentlich ist ihr nichts passiert. Aufgeregt läuft Klara

immer wieder ums Haus und sucht nach einem Loch oder einer offenen Tür. Plötzlich entdeckt sie ganz oben in einem Fenster einen schwachen hellen Schein. Ist die alte Frau in diesem Zimmer? O weh, wie soll Klara dort oben an das Fenster kommen. Doch sie ist nicht dumm und dazu auch noch ganz schön flink. Klara krabbelt von außen an der Regenrinne hoch, klettert weiter über den Rosenbusch und springt mit einem Satz auf die Fensterbank. Als sie dort oben sitzt, sieht sie die Frau. Sie sitzt ganz allein vor ihrem Adventskranz und blättert in einem Fotoalbum. Klara ist froh, der Frau ist nichts passiert. Doch sie sieht heute sehr traurig aus. Klara starrt die Frau an und dabei kommt sie mit ihrer kleinen Nase an die Fensterscheibe. Sie bemerkt, dass das Fenster nur angelehnt ist. Klara schiebt es mit ihrer ganzen Kraft auf und krabbelt hinein. Die Frau entdeckt sie sofort und lächelt. Nun traut Klara sich näher. Sie krabbelt ihr auf den

Schoß und bleibt dort ganz ruhig sitzen. Die Frau schreit nicht und jagt sie auch nicht fort. Sie streichelt Klara und sagt leise: „Du bist aber eine schöne kleine Maus. Dein Fell ist weich und im Schein der Kerze leuchtet es sonnengelb. Nun bin ich nicht mehr allein und darüber freue ich mich.“ Ganz leise singt sie ein Adventslied. Klara ist glücklich. Sie bleibt die ganze Nacht bei der alten Frau, die immer wieder ihr weiches Fell streichelt. Nachdem die Frau eingeschlafen ist und der Tag die Nacht vertreibt, macht sich Klara schnell wieder auf den Heimweg, um nicht gesehen zu werden. Als sie zurück in der Baumhöhle ist, ist sie zwar müde, aber sehr zufrieden. Leise erzählt sie ihrem Freund Buddel von der Frau und davon, dass ihr Besuch sie sehr glücklich gemacht hat. Von nun an will sie die Frau öfters besuchen, denn allein zu sein, das ist bestimmt nicht schön. „Du bist eine gute Maus,“ sagt Buddel ganz leise und geht in seine Höhle. Klara krabbelt wieder zu ihren Kindern und ist im Nu eingeschlafen.

Abschluss

Die Kinder überlegen, ob auch sie Menschen kennen, die sie in der Vorweihnachtszeit einmal besuchen können.

Nun wird das bekannte Montagsritual durchgeführt. Die Erzieherin stellt zu Klara und der kleinen gelben Maus drei große Adventskerzen. Jetzt wird der Montagsvers (siehe Einstiegsgeschichte) in veränderter Form vorgetragen, die Kerzen werden angezündet, das Adventslied mit drei Strophen gesungen, die kleine gelbe Maus bei ruhiger Musik im Kreis herumgegeben usw. Danach werden in gleicher Weise die Wochenendmäuse verteilt und die Duftkerzen in die Landschaft gestellt.

Klara sucht ein Geschenk für die Glitzerfee

Vierte Klarageschichte und das vierte Montagsritual

Material Ein Kassettenrekorder und ruhige Musik, mehrere Teelichter im Glas, vier große Adventskerzen, eine Lampe, die gelbe Klaramaus, ein großes Tuch, eine kleine gelbe Maus, vier Duftkerzen.

Raumvorbereitung Ein Stuhlkreis mit Blick auf die Landschaft wird gestellt. Der Raum ist verdunkelt. Eine Lampe strahlt die Landschaft an. Mehrere Teelichter geben dem Gruppenraum eine adventliche Atmosphäre. Klara und die kleine gelbe Maus stehen auf dem Tuch in der Kreismitte.

Einstieg Die Kinder sitzen im Kreis. Die Erzieherin erzählt ihnen eine neue Geschichte von Klara.

Geschichte Klara hat, genau wie die Mütter der Menschenkinder, in der Vorweihnachtszeit eine ganze Menge zu tun. Sie ist tagelang damit beschäftigt, die Mäusewohnung blitzblank zu putzen. Doch das ist noch lange nicht alles. Sie sucht auch nach leckeren Rezepten, damit es am schönsten Fest des Jahres etwas Besonderes zu essen gibt. Aber eine Aufgabe fällt ihr in diesem Jahr sehr schwer. Es ist das Suchen nach kleinen Geschenken für ihre Mäusekinder, für ihren Freund, den Maulwurf Buddel und für ihre Freundin, die Glitzerfee. Die Tage vergehen und Klara hat fast für jeden etwas gefunden. Sie hat kleine Geschenke für ihre Mäusekinder und auch etwas Wunderschönes für Buddel. Nur für die Glitzerfee, da findet sie in diesem Jahr gar nichts. Immer wieder trippelt Klara los, sie sucht auf den Feldern, den Wiesen und auf Bäumen. Sie traut sich sogar ins nächste Dorf. Doch nirgends findet sie etwas Passendes. Nachts liegt Klara zwischen ihren Mäusekindern und überlegt lange, was sie ihrer besten Freundin schenken könnte. Doch so sehr sie sich auch anstrengt, es fällt ihr einfach nichts ein. Als sie eines Nachts wieder darüber nachdenkt, spürt Klara in ihren Barthaaren ein merkwürdiges Kribbeln. Es ist so stark, dass sie nicht mehr länger liegen bleiben kann. Sie spürt es plötzlich ganz genau: heute Nacht wird sie das richtige Geschenk für die Glitzterfee finden. Ganz leise steht sie auf, packt in ihren Sammelbeutel ein Schraubglas, einen Handfeger und eine kleine Schaufel. Warum sie das tut, das weiß Klara auch nicht. Aber sie spürt, das sie diese Dinge mitnehmen muss. Ganz aufgeregt trippelt sie zu Buddel. Er liegt zusammengerollt wie ein Knäuel Wolle in einer Ecke seiner Höhle und schläft. Vorsichtig versucht Klara ihn zu wecken. Doch sie muss tüchtig rütteln und schütteln, um den alten Kerl wach zu bekommen. Endlich hat sie es geschafft! Buddel erschrickt, als er Klara sieht: „Ist etwas mit deinen Kindern passiert?", fragt er mit zitternder Stimme. Doch Klara beruhigt ihn und sagt: „Mit meinen Kindern ist alles in Ordnung. Aber du musst trotzdem mitkommen. Ich will jetzt fort, um für die Glitzerfee ein Geschenk zu suchen. Ich spüre es in meinen Barthaaren, heute Nacht finde ich das richtige Geschenk."

Also passt Buddel auf die Mäusekinder auf und Klara macht sich mit ihrem Beutel auf den Weg. Als sie aus ihrem Loch nach draußen kommt, wird sie von einem hellen Licht geblendet. Sie schaut nach oben und entdeckt einen leuchtenden Stern. Von ihm führt eine breite Lichtstraße hinunter bis zur Erde. Klara ist verwundert und so erstaunt, dass sie für einige Sekunden wie angewurzelt stehen bleibt und immer nur zum Himmel schaut. Wie von einem unsichtbaren Faden gezogen trippelt Klara der breiten Lichtstraße entgegen. Sie führt direkt in den Wald. Klaras Herz schlägt so fest, dass sie es beim Laufen nicht nur spüren, sondern auch hören kann. Als sie genau an der Stelle ist, wo die Lichtstraße auf dem Waldboden endet, sieht Klara vor sich einen Teppich aus blinkendem Sternenstaub. Sie eilt hin und stellt sich mitten darauf. Der feine Staub wird vom Wind in der Luft zum Tanzen gebracht. Klara schaut den klitzekleinen Staubkörnchen dabei zu und glaubt eine ganz leise, prickelnde Musik zu hören. Wie verzaubert bleibt sie stehen, schaut und staunt, denn so etwas Schönes hat Klara noch nie gesehen. Da kommt ihr eine Idee: sie will ihrer Freundin etwas von diesem wunderschönen Sternenstaub schenken. Nun weiß sie auch, warum sie das Schraubglas, den Handfeger und die kleine Schaufel mitgenommen hat. Damit fegt Klara die glänzenden Körnchen zusammen. Als ein kleines Häufchen vor ihr liegt, füllt sie den kostbaren Sternenstaub vorsichtig in das Schraubglas. Klara zittert am ganzen Körper, denn sie ist sehr aufgeregt. Über dieses Geschenk wird sich die Glitzerfee bestimmt freuen, denn den Staub kann sie auf ihr Haar streuen und dann glitzert sie noch schöner als sie es jetzt schon tut. Nach kurzer Zeit ist das Glas randvoll. Vorsichtig packt Klara alles wieder in ihre Tasche. Aber bevor sie sich auf den Heimweg macht, bleibt sie noch eine kurze Zeit ganz still stehen, um noch einmal dem im Wind tanzenden Sternenstaub zuzusehen und zuzuhören. Doch nun muss sie los! Schnell trippelt sie zurück. Unterwegs schaut sie sich immer wieder um. Sie kann sich an der Lichtstraße und an dem glitzernden Sternenstaub gar nicht satt sehen. Als sie endlich zu Hause ist und sich noch einmal umschaut, sind der Stern und somit auch die Lichtstraße mit den unzähligen Staubkörnchen verschwunden. Zum Glück hat Klara ihre Erinnerung daran in der Tasche. Als sie Buddel weckt, strahlt sie ihn an und flüstert leise: „So, nun kann der große Festtag kommen. Ich habe alles vorbereitet.“ Noch halb schlafend trottet Buddel in seinen Bau zurück. Klara versteckt das Glitzergeschenk und kuschelt sich schnell zwischen ihre Kleinen, um sich noch ein wenig auszuruhen. Lächelnd schläft sie ein.

Abschluss Die Erzieherin kann im Bastelgeschäften Glitzerpulver besorgen. Zur Erinnerung und als Geschenk von Klara streut sie jedem Kind ein wenig „Sternenstaub“ auf die Handflächen oder ins Haar.

Nun wird das bekannte Montagsritual durchgeführt. Die Erzieherin stellt zu Klara und der kleinen gelben Maus vier große Adventskerzen. Dann wird der Montagsvers (siehe Einstiegsgeschichte) in veränderter Form vorgetragen, die Kerzen werden angezündet, das Adventslied mit vier Strophen gesungen und die kleine gelbe Maus bei ruhiger Musik im Kreis herumgegeben usw. Danach werden in gleicher Weise die Wochenendmäuse verteilt und die Duftkerzen in die Landschaft gestellt.

Klaras Begegnung mit dem großen Stern

Fünfte Klarageschichte und Abschlussritual

Hinweis

Diese letzte Geschichte mit dem letzten Ritual wird kein Wochenanfangsritual mehr sein, sondern kann als Abschlussritual am letzten Kindergartentag durchgeführt werden. Dementsprechend müssen zum Schluss so viele Mäuse verteilt werden, dass jedes Kind eine Weihnachtsmaus bekommen hat.

Material

Ein Kassettenrekorder und ruhige Musik, mehrere Teelichter im Glas, vier große Adventskerzen, eine Lampe, ein großer Goldpapierstern, die gelbe Klaramaus, ein großes Tuch, eine kleine gelbe Maus, die letzten Duftkerzen.

Raumvorbereitung

Ein Stuhlkreis mit Blick auf die Landschaft wird gestellt. Der Raum ist verdunkelt. Eine Lampe strahlt die Landschaft an. Mehrere Teelichter geben dem Gruppenraum eine adventliche Atmosphäre. In der Kreismitte liegt der große Stern. Darauf stehen Klara und eine kleine gelbe Maus.

Einstieg

Die Kinder sitzen im Kreis. Die Erzieherin erzählt ihnen die letzte Klarageschichte.

Geschichte

Die Nächte im Wald werden ständig kälter und der Futtervorrat der Mäuse immer weniger. Es wird Zeit, dass Klara sich wieder auf die Suche nach neuem Futter macht. Sie holt ihren Freund Buddel und dann marschiert sie los. Doch, o weh, wo soll sie bei diesem Schnee etwas finden? Seit Tagen hat es geschneit und alles um sie herum ist weiß. Klara trippelt los, sie geht einfach ihrer Nase nach. Auf ihrem Weg findet sie festgefrorene Äste und Zweige, hartgefrorenes Moos und zugefrorene Pfützen, aber Futter findet sie nicht. Mit ihrer kleinen spitzen Nase wühlt sie überall herum und ihre Augen halten immer Ausschau nach etwas Essbarem. Mit einem Mal wird sie von hinten angestupst. Klara schaut sich um und entdeckt ein Wildschwein. Es geht durch den Wald und viele andere Tiere folgen ihm. Klara sieht Rehe, Hasen, Eichhörnchen, ja, sogar einen Igel. Er sitzt auf dem Rücken eines andern Wildschweins. „Wohin wollt ihr denn in dieser kalten Nacht?", fragt Klara. „Sucht ihr auch Futter?" „Wir suchen kein Futter", grunzt das Wildschwein. „Wir sind auf der Suche nach einem Stall." „ Dort drüben ist einer", sagt Klara und zeigt auf eine eingefallene Hütte. „Doch nicht solch ein Stall", sagt das Reh. „Wir suchen einen besonderen Stall. Dort soll bald ein König geboren werden. Auf den warten die Menschen und Tiere schon viele Jahre. Er wird Licht in die Welt bringen, das heller, größer und wärmer ist als die Sonne." Klara ist sprachlos. Von einem König, der in einem Stall geboren wird, der so ein großes Licht auf die Erde bringt und auf den die Menschen und die Tiere schon viele Jahre gewartet haben, davon hat Klara noch nie gehört. „Woher wisst ihr denn, wo der richtige Stall zu finden ist? Es gibt viele Ställe auf eurem Weg", sagt Klara. Der Hase zeigt auf einen großen Stern, der direkt über ihnen steht und sagt: „Dieser Stern zeigt uns den Weg." Klara ist erstaunt. Bei ihrer Suche nach Futter hat sie diesen Stern ganz übersehen. Er leuchtet so hell, wie hundert kleine Sterne zusammen. Wie konnte sie so etwas nur übersehen? „Kommst du mit?" fragt der Igel.

Voller Freude ruft sie: „Natürlich komme ich mit, ich möchte auch den König sehen." Sofort trippelt sie mit den anderen Tieren mit. Doch auf einmal denkt sie an ihre Kinder und an Buddel. Sie kann doch ihre Kleinen nicht einfach bei Buddel lassen und weggehen. Sie werden bestimmt auf sie warten, sich Sorgen machen und traurig sein. „Halt!", ruft sie laut. „Ich muss euch etwas sagen." Die Tiere bleiben stehen und Klara erklärt, dass sie nach Hause muss. Sie will Buddel und ihre Kinder holen und dann nachkommen. Klara verabschiedet sich und macht sich auf den Heimweg. Unterwegs denkt sie immer wieder an den Stall und an den König und muss sich noch oft umschauen. Den großen Stern kann sie deutlich sehen. Diesem will sie mit ihren Kindern folgen. Als Klara nach Hause kommt und ihren Kindern und Buddel von dem großen Stern erzählt, zeigen sie aber gar kein großes Interesse. „Der Weg ist für uns bestimmt viel zu weit," wispert eine grüne Maus. „Unsere kleinen Füße schaffen den weiten Weg gar nicht," piepst eine rote Maus. „Wir müssen doch zu den Menschenkindern, die warten auf uns," sagt eine blaue Maus. Klara kann ihre Kinder gut verstehen. Aber da sie früher oder später ja doch aus dem Haus gehen und Klara dann alleine sein wird, will sie zum König gehen. „Kommst du mit?" fragt sie Buddel. Er überlegt eine Weile, aber dann sagt er: „Ich bin dafür viel zu alt und viel zu müde. Ich bleibe in meiner Höhle und warte auf dich. Wenn du zurück kommst, dann kannst du mir ja von diesem König erzählen." Klaras Wunsch, den König zu sehen, ist so groß, dass sie sich schnell verabschiedet und den anderen Tieren hinterher eilt. Buddel und die restlichen Mäuse winken Klara so lange, bis es vor ihren Augen ganz dunkel ist und sie Klara nicht mehr sehen können.

Buddel und die Mäusekinder und auch wir hier im Kreis schließen nun die Augen und stellen uns Klara und die vielen Tiere vor, die auf dem Weg zum König sind.

(Die Kinder schließen die Augen, die Erzieherin stellt ruhige Musik an und nimmt Klara weg. Nach einer kurzen Musikmeditation können die Kinder ihre Augen öffnen.)

Nun ist Klara fort und wenn wir Glück haben, treffen wir sie irgendwann und irgendwo wieder.

Abschluss

Nun wird das letzte Ritual durchgeführt. Die Erzieherin stellt zu der kleinen gelben Maus alle noch übrig gebliebenen Mäuse. Jetzt wird noch einmal der Vers in veränderter Form gesprochen, das Adventslied mit allen gesungen und zum Schluss werden die Mäuse auf die bekannte Weise verteilt. So erhält jedes Kind eine Weihnachtsmaus. Die restlichen Duftkerzen werden in die Landschaft gestellt.

Inhalt der roten Seiten

Das Lied vom Tannenbaum

Melodie: Jörg Schnieder
Text: Ingrid Biermann

Mitten in dem Tannenwald,
da steht ein Baum, er ist schon alt.
Und jedes Jahr zur Weihnachtszeit
macht man ihn für das Fest bereit.

Refrain:
Tannenbaum, Tannenbaum,
schenk mir einen Weihnachtstraum.
Kerzenschein, Kerzenschein,
lässt uns alle glücklich sein,
ja glücklich sein.

Er breitet seine Äste aus,
die Menschen putzen ihn heraus.
Aus Fern und Nah kommen sie dann
und fangen froh zu singen an.

Refrain: Tannenbaum, Tannenbaum

Mit Kerzen, Kugeln und noch mehr
richten sie ihn ganz festlich her.
Der Glitzerbaum im Kerzenschein
lädt dich und mich zur Weihnacht ein.

Refrain: Tannenbaum, Tannenbaum

Kreativangebot **Duftende Kugeln**

Material Kleine Äpfel, Mandarinen, Zitronen, Zimtstangen, Nelken, andere duftende Gewürze oder Kräuter und Dekofaden in Gold oder Silber.

Herstellung Zitronen, Äpfel und Mandarinen werden mit Nelken bespickt oder mit dem Dekofaden locker umwickelt. Dort hinein können die Zimtstangen und die anderen Gewürze oder Kräuter gesteckt werden.

Ein Dekofaden wird zum Aufhängen der duftenden Kugeln benutzt. Schmücken Sie damit einen Tannenbaum oder hängen Sie die Kugeln einfach vor das Fenster. Ein herrlicher Duft zieht von nun an durch den Raum.

Ein süßer Duft zieht durch das Haus

Melodie: Jörg Schnieder
Text: Ingrid Biermann

Ein süßer Duft zieht durch das Haus,
zieht durch die Fenster weit hinaus,
zieht durch die Straßen ganz geschwind,
ihn riecht ein jedes Menschenkind.

Refrain:
Kinder, jetzt ist Weihnachtszeit,
gebacken wird nun weit und breit.
Backen, das macht großen Spaß,
komm, mach mit und back etwas.

Kommt auch wir wollen Plätzchen backen,
müssen dafür Nüsse knacken,
das Mehl kommt in den Topf geschwind
und kneten kann doch schon jedes Kind.

Refrain: Kinder …

Kneten, formen und auch rühren,
wiegen, messen und probieren.
O ja, der Teig, er schmeckt schon fein,
nun schnell noch in den Ofen rein.

Refrain: Kinder …

Und schon nach einer kurzen Zeit,
da ist es endlich dann so weit,
die Plätzchen, braun und kugelrund,
steck' ich ganz schnell mir in den Mund.

Refrain: Kinder …

Im Anschluss, bzw. im Freispiel, können mit den Kindern Plätzchen gebacken werden. Das folgende Rezept lässt sich besonders schnell umsetzen.

Rezept

Schmalznüsse

Zutaten

250 g Mehl, 1 TL Hirschhornsalz, 125 g Zucker, 70 g Schmalz, 2 Päckchen Bourbon-Vanille-Zucker, 60 g Butter, 1 TL Kakaopulver, Backpapier.

Zubereitung

Alle Zutaten (bis auf den Kakao) miteinander verkneten. Unter eine Teighälfte den Kakao mengen. Nun aus dem dunklen und dem hellen Teig kleine Kugeln formen und mit dem Daumen flach drücken. Diese Schmalznüsse auf ein Backblech mit Backpapier legen und bei 175 Grad 15 Minuten backen.

Leise, leise, ganz, ganz leise

Melodie: Jörg Schnieder
Text: Ingrid Biermann

Refrain:

Leise, leise, ganz, ganz leise
machen Flocken eine Reise,
decken sanft die Erde zu,
alles schläft und gönnt sich Ruh'.

Munter tanzen weiße Flocken,
wollen mich nach draußen locken.
Ich hole schnell den Schlitten raus
und bergab geht es mit Gebraus.

Refrain: Leise, leise …

Weißer Schnee liegt auf den Bäumen,
lässt sie alle ganz tief träumen,
einen Schneemann, Schneemann klitzeklein,
stell' ich jetzt in den Garten rein.

Refrain: Leise, leise …

Kinder kommt und lasst uns sehen
und ganz schnell nach draußen gehen.
Ja herrlich ist die weiße Pracht,
sie kam zu uns still heute Nacht

Refrain: Leise, leise …

Anmerkung

Machen Sie, wenn es schneien sollte, nach diesem Lied einen Schneespaziergang und suchen sie nach Spuren von Menschen und Tieren.

Weihnachten, das Fest der Freude

Melodie: Jörg Schnieder
Text: Ingrid Biermann

Ganz viele Kerzen zünd' ich an,
damit es Weihnacht werden kann.
Denn jeder Mensch, ob groß ob klein,
soll glücklich hier auf Erden sein.

Refrain:
Weihnachten das Fest der Freude,
Jesus hat Geburtstag heute.
Er lag in einem Bett aus Stroh
und machte alle Menschen froh.

Ganz viele Päckchen pack ich dann,
damit es Weihnacht werden kann.
Denn jeder Mensch, ob groß ob klein,
soll glücklich hier auf Erden sein.

Refrain: Weihnachten …

Ganz viele Lieder sing ich dann,
damit es Weihnacht werden kann.
Denn jeder Mensch, ob groß ob klein,
soll glücklich hier auf Erden sein.

Refrain: Weihnachten …

Kreativangebot

Im Freispiel können die Kinder Kerzen mit Wachsmotiven verzieren.

Nikolaus macht Nachtschicht

Klanggeschichte mit Körpergeräuschen

Material Ein kleiner Jutesack oder ein Stiefel, Schleifenband, eine Auswahl an Spielzeug und Obst, ein großes Abdecktuch und einige Kerzen in einem Glas.

Raumvorbereitung Ein Stuhlkreis wird gestellt. In der Kreismitte liegt ein Tuch. Darauf steht ein Sack oder ein Stiefel. Er ist mit Spielzeug, Obst oder anderen Dingen gefüllt. Der Raum ist mit den Kerzen dekoriert.

Einstieg Die Kinder betrachten den Sack oder Stiefel, der zu einem Gespräch über den Nikolaus anregen soll. Danach werden Dinge aus dem Sack erfühlt und benannt. Anschließend wird die folgende Geschichte (zunächst ohne Geräusche) erzählt.

Geschichte

Es ist Anfang Dezember und heute Nacht ist Nikolaus unterwegs, um kleine Säcke mit Spielzeug, Obst oder süßen Sachen vor die Türen der Häuser zu stellen. Nikolaus ist ein richtiger Nachtarbeiter. Er beschenkt die Menschenkinder in der Nacht und am Tag ruht er sich von der anstrengenden Arbeit aus. Denn die Wege, die er im Dunkeln gehen muss, sind gefroren und hart.

Direkt nach Mitternacht geht er auch in diesem Jahr schwer bepackt durch den dunklen Wald, über menschenleere Straßen und Wege *(mit den Füßen stampfen)*. Begleitet wird er von unzähligen kleinen Schneeflocken *(mit den Fingerspitzen auf den Stuhl klopfen)* und von einem eiskalten Wind, der ihm um die Nase weht *(mit dem Mund blasen)*. Nikolaus schlurft ganz langsam mit seinen Füßen über den harten und verschneiten Boden *(Hände aneinander reiben)*. Sein Weg führt ihn über eine alte Holzbrücke *(mit den Fäusten auf den Brustkorb schlagen)*. Nach einem langen Marsch sieht Nikolaus in der Ferne die Lichter der kleinen Stadt, in die er heute will. Seine Schritte werden schneller *(auf der Stelle laufen)*. Endlich hat er die Stadt erreicht. Niemand ist zu sehen. Nur die vielen Schneeflocken und der kalte Wind begleiten ihn immer noch *(mit den Fingerspitzen auf den Stuhl klopfen und mit dem Mund heulen und blasen)*. Ganz leise geht Nikolaus von Haus zu Haus und stellt vor jede Tür ein Säckchen *(leise und langsam auf der Stelle gehen)*. Schon bald ist sein großer Sack leer und leicht. Nun macht er sich schnell auf den Heimweg *(schnell laufen)*. Immer noch schneit es *(mit den Fingerspitzen auf den Stuhl klopfen)* und um ihn herum ist alles mit einer dicken Schneeschicht bedeckt. Das macht das Gehen sehr schwer *(langsamer gehen)*. Der eiskalte Wind heult *(mit dem Mund Heulgeräusche machen)* und Nikolaus' Nase ist rot vor Kälte. Sein Weg führt ihn wieder über die Holzbrücke *(mit den Fäusten auf den Brustkorb schlagen)*. Nach einem langen Fußmarsch *(auf der Stelle laufen)* hat er sein Haus erreicht. Nikolaus gähnt, denn er ist müde von seiner Nachtschicht *(laut gähnen)*. Sofort legt er sich in sein warmes Bett. Er ist zwar erschöpft, aber sehr zufrieden, denn er weiß ganz genau, dass sich morgen viele Menschenkinder über die gefüllten Säckchen freuen. Bevor Nikolaus einschläft, schaut er noch einmal aus dem Fenster und beobachtet die unzähligen Schneeflocken, die immer noch ganz, ganz leise vom Himmel fallen *(mit den Fingerspitzen leise auf den Stuhl klopfen)*. Dann schließt er die Augen und schläft ein *(den Kopf auf die Hände legen)*.

Abschluss

Nachdem die Geschichte erzählt wurde, werden die Körpergeräusche experimentell erprobt und beim nochmaligen Erzählen an den richtigen Stellen eingesetzt.

Die traurige, windschiefe Tanne

Klanggeschichte mit Naturmaterialien

Material

Eine Auswahl an Naturmaterialien wie Steine, Kastanien, verschieden dicke Holzstäbe, Holzscheiben, Kies, sowie einige kleine Filmdosen, ein großes Tuch und ein Weidenkorb.

Raumvorbereitung

Die Kinder sitzen in einem Stuhlkreis, der Korb mit den Naturmaterialien steht, mit einem Tuch abgedeckt, griffbereit. Die Erzieherin stellt das folgende Rätsel.

Rätsel

Wer ist das?
Er trägt ein grünes Nadelkleid,
macht seine Zweige ganz, ganz weit.
Ist er groß, kommt er ins Haus,
dort putzt man ihn ganz prächtig raus.
Viele Kerzen steckt man an,
damit jeder ihn bestaunen kann.
(Tannenbaum)

In einem Gespräch kann alles zusammengetragen werden, was die Kinder über den Tannenbaum wissen. Danach erzählt die Erzieherin die folgende Geschichte (zunächst ohne Einsatz der Naturmaterialien).

Geschichte

Alle Jahre wieder entsteht kurz vor Weihnachten Unruhe im Tannenwald *(verschiedene Hölzer aneinander schlagen)*. Seit Tagen halten die großen und kleinen, die schlanken und dicken, die krummen und die gerade gewachsenen Tannenbäume *(verschiedene Hölzer aneinander schlagen)* Ausschau nach dem Förster, denn die Zeit ist nun da, in der er sich die Bäume genau anschaut. Er markiert dann die Bäume, die in ein paar Tagen gefällt werden.

Schon am nächsten Morgen, als der erste Schnee leise auf die Erde fällt *(Kastanien aneinander schlagen)*, hören die Tannen feste Schritte *(Holzscheiben aneinander schlagen)*. Es ist der Förster! Er geht wie jedes Jahr von Tanne zu Tanne *(zwei Steine aneinander schlagen)*, betrachtet jede sehr genau und macht an die großen, kleinen, schlanken, dicken und gerade gewachsenen ein Kreuz *(verschiedene Holzstäbe einsetzen)*. Nur die kleine, windschiefe Tanne, die am Wegrand steht, beachtet er nicht *(zwei Hölzer aneinander schlagen)*. Nachdem der Förster seine Arbeit getan hat, geht er mit schnellem Schritt wieder aus dem Wald *(Steine)* und der Schnee, der auf die Erde fällt *(Kastanien)*, verdeckt seine Spuren. Aber schon kurze Zeit später kommen fremde Männer in den Wald *(dicke Steine fest aneinander schlagen)*. Sie gehen zu den Tannen, die an ihrem Stamm ein Kreuz haben *(Steine und verschiedene Holzstäbe aneinander schlagen)*. Mit einer Baumsäge sägen sie diese ab *(Holzscheiben aneinander reiben)*. Eine Tanne nach der anderen fällt zu Boden *(Holzstäbe nacheinander spielen)*. Danach verlassen auch sie wieder den Wald *(Steine aneinander schlagen)*. Nun steht nur noch ganz allein die kleine, windschiefe Tanne da *(zwei Hölzer aneinander schlagen)*. Sie wird nicht abgesägt, denn sie ist als Weihnachtsbaum nicht zu gebrauchen. Ihre Zweige sind so krumm, dass selbst der Schnee nicht auf ihr liegen bleibt. Sie ist darüber sehr traurig, denn sie weiß, das sie niemals ein Weihnachtsbaum wird *(Stäbe langsam aneinander schlagen)*. Doch plötzlich hört sie Stimmen *(kleine, mit Kies gefüllte Filmdosen schütteln)*. Die windschiefe Tanne richtet sich ein wenig auf *(Holzstäbe)* und sieht, wie viele Vögel auf sie zukommen und auf ihren Zweigen Platz nehmen. Sie hört den Vögeln beim Singen zu *(Filmdosen mit Kies schütteln)*. Ihr Lied macht die Tanne froh und ganz leise wippt sie im Takt mit ihren krummen Zweigen mit *(Filmdosen und Holzstäbe)*. Mit einem Mal fühlt sie sich so glücklich wie noch nie. Die kleine Tanne spürt, dass sie in diesem Winter hier im Wald gebraucht wird. Sie wird das Winterquartier für diese Vögel werden. Die Tanne freut sich und wippt mit ihren krummen Zweigen noch schneller mit *(Filmdosen und Holzstäbe)*. Der Schnee fällt auf die Tanne *(Kastanien)*. Jetzt bleibt er sogar auf ihr liegen und schenkt ihr ein wunderschönes weißes Kleid. Die Tanne steht ganz ruhig da, streckt ihre Äste, so gut sie kann, aus *(Holzstäbe)*. Dabei lauscht sie dem leisen Gesang der Vögel, die in ihr wohnen *(Filmdosen mit Kies schütteln)*. Sie ist stolz, den Vögeln ein Zuhause geben zu können und will nun gar nicht mehr fort.

Abschluss

Der Weidenkorb wird geholt und das Tuch in die Kreismitte gelegt. Nun können die Naturmaterialien darauf verteilt werden. Nach einer kurzen Experimentierphase werden sie den zu verklanglichenden Situationen zugeordnet und die Geschichte kann noch einmal erzählt und verklanglicht werden.

Kreativangebot

Schmücken sie mit den Kindern, z. B. mit Kugeln aus Stroh, Sternen aus dünnen Hölzern, Heugirlanden eine Tanne oder einen Baum, der auf dem Spielplatz steht. Das macht Spaß und so haben auch die Tiere einen Weihnachtsbaum.

Singende Sterne

Klanggeschichte mit Orff-Instrumenten

Material Klingende Stäbe, für jeden Ton der klingenden Stäbe ein Schlegel, Triangel, Tamburin und Besen, eine Lampe, für jedes Kind ein Sitzkissen, ein Abdecktuch, viele Goldpapiersterne, ein blaues Tuch, viele kleine, quadratische Notizzettel und viele Teelichte im Glas.

Raumvorbereitung Der Raum ist mit vielen Lichtern geschmückt. Die Sitzkissen sind in Kreisform angeordnet. In der Mitte liegt ein Tuch mit vielen Goldpapiersternen. Diese sind mit den quadratischen Zetteln abgedeckt. Die Orff-Instrumente liegen griffbereit. Sie sind mit einem Tuch abgedeckt. Der Raum ist verdunkelt und wird durch eine Lampe erhellt.

Einstieg Die Kinder sitzen im Kreis. In der Stille nehmen sie nacheinander die Zettel von dem Tuch und betrachten die Sterne. In einem Gespräch können sie ihre dabei entstandenen Gedanken und Erinnerungen den anderen Kindern mitteilen. Danach werden gemeinsam Eigenschaften der Sterne zusammengetragen, z. B. sie leuchten, blinken, erhellen die Nacht, schenken den Menschen Träume usw.

Die Kinder bekommen nun die klingenden Stäbe und versuchen in einer Experimentierphase, die Sterne zum Klingen zu bringen. Nun platzieren sie sich mit den klingenden Stäben so, dass sie, nacheinander gespielt, eine harmonische Melodie ergeben. Dabei können die Kinder, so oft sie wollen, ihre Plätze wechseln.

Die Erzieherin erzählt die folgende Geschichte, zunächst ohne Einsatz der Instrumente:

Geschichte

Tag für Tag, Abend für Abend leuchten am Himmel unzählige kleine und große Sterne. Sie ziehen langsam, ja fast unsichtbar, am Himmel entlang. Jeder Stern erzeugt dabei einen leisen Ton *(klingende Stäbe, einzeln gespielt)*. Zusammen erklingt so Abend für Abend eine wunderschöne Melodie. Seit kurzem erklingt ein Weihnachtslied. Damit wollen sich die Sterne auf das Fest einstimmen, das in wenigen Tagen auch bei ihnen gefeiert wird *(alle Stäbe spielen nach einer bestimmten Reihenfolge, es entsteht eine kleine Melodie)*

Die Sterne klingen aber so leise, dass die Menschen auf der Erde diese Melodie nicht hören. Sie sehen nur ihr hell leuchtendes Licht. Der Mond, der auch Abend für Abend am Himmel seine Reise macht *(Triangel)*, hört die Melodien. Er mag die Musik und singt mit leiser Stimme mit *(Triangel und klingende Stäbe gemeinsam)*. Nur der Wind mag die Musik nicht. Wenn er davon geweckt wird, kommt er mit Saus und Braus *(Tamburin und Besen)* angefegt, pustet wütend in die Sternenmenge *(Tamburin und Besen)* und wirbelt die vielen Sterne durcheinander. Sie purzeln hin und her und ihr wunderschönes Lied klingt nun gar nicht mehr harmonisch *(klingende Stäbe, wild durcheinander)*. Der Mond versucht, den Wind zu beruhigen *(Triangel)*. Doch die Worte des Mondes machen den Wind nur zorniger und er pustet noch heftiger *(Tamburin und Besen)*, sodass die kleinen Sterne erneut durcheinander gewirbelt werden *(klingende Stäbe, durcheinander)*. Hin und wieder entsteht ein Streit zwischen dem Mond und dem Wind *(Tamburin, Besen und Triangel)*. Erst wenn der Wind sich müde geschimpft hat, zieht er mit leisem Saus und Gebraus davon *(Tamburin und Besen)*. Jetzt haben die kleine Sterne erst einmal genug zu tun. Sie müssen sich neu am Himmel ordnen, damit aus ihrem Durcheinander wieder eine schöne Melodie entsteht *(die Kinder suchen eine neue Sitzordnung)*. Nachdem sie das geschafft haben und ihre Melodie, wie immer, wunderschön klingt, singt auch der Mond wieder leise mit *(klingende Stäbe und Triangel)*. Erst am frühen Morgen schlafen Mond und Sterne ein.

Abschluss

Die Geschichte wird verklanglicht. Dazu übernehmen zwei Kinder die Instrumente für Mond und Wind, die anderen die Klangstäbe zur Verklanglichung der Sterne.

Kreativangebot

In der Freispielphase können die Kinder ein Mobile aus kleinen Goldpapiersternen und einem Mond basteln. Dieses wird in dem Sammelkarton aufbewahrt und kann als Geschenk verwendet werden.

Mit Kugeln, Kerzen, Tannenzweigen

Rhythmikangebot

Material

Eine große Wolldecke, ein Kassettenrekorder, ruhige und beschwingte Musikstücke z. B. von Rondo Veneziano, drei Symbolkarten mit einem Tannenzweig, einer Kerze und einer Kugel, ein Weidenkorb, viele Tannenzweige, viele verschiedene Kerzen und Kugeln, ein großes, einfarbiges Abdecktuch, für jedes Kind eine Sitzmatte, Streichhölzer.

Raumvorbereitung

In einer Raumecke liegt eine große Wolldecke. Der Kassettenrekorder, die Sitzmatten und die drei Symbolkarten liegen griffbereit. Der Weidenkorb mit Tannenzweigen, verschiedenen Kugeln und Kerzen steht in der Raummitte und ist mit einem Tuch abgedeckt.

Einstieg

Die Kinder sitzen auf einer Decke. Die Erzieherin stellt den Kassettenrekorder an und bittet die Kinder, die Augen zu schließen. Nun sollen sie sich in einer kurzen Phase Materialien überlegen, mit denen in der Adventszeit die Wohnung bzw. der Adventskranz oder am Weihnachtsabend der Baum geschmückt werden. Wenn die Musik nicht mehr zu hören ist, öffnen sie die Augen. In einem Gespräch wird alles zusammengetragen, was ihnen zu dieser Frage eingefallen ist. Gemeinsam gehen sie zu dem Weidenkorb. Die Erzieherin erzählt den Kindern, dass heute Morgen vor der Kindergartentür ein Geschenk stand. Die Glitzerfee, Klaras Freundin, hat etwas gebracht. Die Erzieherin entfernt das Tuch und die Kinder können die Dinge, die die Glitzerfee gebracht hat, betrachten.

Tanzen, Fühlen, Raten

Bewegungsspiel zur Raumerfahrung

Nach einem leisen Musikstück tanzen die Kinder durch den Raum. Wenn die Musik ausgestellt ist, gehen sie zum Korb, greifen mit geschlossenen Augen in den zugedeckten Weidenkorb, erfühlen einen Gegenstand und behalten die Lösung für sich. Die Musik wird erneut angestellt und das Spiel läuft nach dem gleichen Schema noch einmal bzw. zweimal ab. Haben die Kinder alle drei Gegenstände erfühlt, so können sie diese nacheinander laut nennen. Das Tuch wird entfernt und jedes Kind kann selbst feststellen, ob es richtig gefühlt und geraten hat.

Die Erzieherin bittet die Kinder, sich eine Sitzmatte zu holen und sie in den Raum zu legen. Dieses Matte ist nun ihr Platz, an den sie immer wieder zurückkehren.

Die Kinder tanzen nach beschwingter Musik durch den Raum. Zeigt die Erzieherin ein Symbolkärtchen, so holen die Kinder sich diesen gezeigten Gegenstand aus dem Korb und bringen ihn zu ihrem Platz. Danach tanzen sie wieder durch den Raum und achten auf das nächste Symbolkärtchen. Das Spiel ist beendet, wenn alle drei Gegenstände an ihrem Platz haben.

Die Kinder gehen von Platz zu Platz und schauen sich die unterschiedlichen Kerzen und Kugeln an. Dieser „Spaziergang“ wird von leiser Musik untermalt. Haben die Kinder sich alles angeschaut, gehen sie zu ihrem Platz zurück.

Die Erzieherin zeigt die Symbolkarte „Zweig“. Jedes Kind nimmt seinen Tannenzweig und geht mit ihm durch den Raum. Die Erzieherin singt nun die erste Strophe des folgenden Liedes (die Kinder können mitsingen). Nach der Strophe legen die Kinder den Zweig zurück auf ihren Platz.

Melodie

Melodie: mündlich überliefert
Text: Ingrid Biermann

A, a, a, die Weihnachtszeit ist da.
Ich nehm' den Zweig nun in die Hand
und trage ihn durchs Weihnachtsland.
A, a, a, die Weihnachtszeit ist da.

Die Erzieherin zeigt die Symbolkarte „Kerze“ Jedes Kind nimmt die Kerze, geht mit dieser durch den Raum. Die zweite Strophe wird dabei gesungen. Danach gehen die Kinder an ihren Platz zurück.
(Hinweis: Die Kerzen werden noch nicht angezündet)

O, o, o, die Zeit, sie macht mich froh.
Ich nehm' die Kerze in die Hand
und trage sie durchs Weihnachtsland.
O, o, o, die Zeit, die macht mich froh.

Die Erzieherin zeigt die Symbolkarte „Kugel“. Jedes Kind nimmt die Kugel, geht mit dieser durch den Raum und die dritte Strophe wird gesungen. Danach legt jedes Kind seine Kugel an seinen Platz zurück.

U, u, u, die Zeit, die schenkt mir Ruh.
Ich nehm' die Kugel in die Hand
und trage sie durchs Weihnachtsland.
U, u, u, die Zeit, die bringt mir Ruh.

Gemeinschaftsaktion

Nun legt die Erzieherin das große, einfarbige Tuch in den Raum und stellt den Weidenkorb mit den restliche Zweigen, Kerzen und Kugeln daneben. Gemeinsam legen alle Kinder mit allen Tannenzweigen einen großen Tannenzweigkranz. Sie schmücken ihn mit den Kugeln und den Kerzen. Diese gemeinsame Arbeit wird von ruhiger Musik untermalt.

Abschluss

Die Erzieherin zündet die Kerzen an und verdunkelt, wenn die Möglichkeit besteht, den Raum. Die Kinder betrachten den Kranz, gehen hüpfend und klatschend um ihn herum und die Erzieherin singt folgende Strophe.

Ja, ja, ja, die Zeit ist wunderbar,
drum rufe ich es laut hinaus,
ich rufe es in jedes Haus.
Ja, ja, ja, die Zeit ist wunderbar.

Der Raum wird erhellt. Nacheinander pusten die Kinder die Kerzen aus und gehen zurück zur Decke. Dort können noch einmal alle Strophen des neu erlernten Liedes gemeinsam gesungen werden.

Bevor die Kinder den Raum verlassen, kann jedes Kind ein Geschenk mitnehmen.

Inhalt der blauen Seiten

Der neugierige Stern Schnüffelfix

Märchen

Hinweis

Bitte besorgen Sie sich einige Tage vorher selbstklebende Leuchtsterne, die an eine Wand oder an die Decke geklebt werden.

Material

Für jedes Kind eine Sitzmatte, ein Holzbrett, ein weißes Blatt Papier, ein gelber Wachsmalstift und ein Pinsel, einige Töpfe mit blauer Wasserfarbe, einige Töpfe mit Wasser, eine alte Wachsdecke, selbstklebende Sterne, eine Lampe, eine große Kerze, ein großer Goldpapierstern, ein Kassettenrekorder und ruhige Musik.

Raumvorbereitung

Der Raum ist völlig verdunkelt, die Sterne kleben an der Wand oder unter der Decke. Die Sitzmatten liegen in Kreisform. In der Kreismitte liegt der Stern aus Goldpapier, auf dem die große Kerze steht. Das Licht einer Lampe erhellt den Raum. Der Kassettenrekorder und die restlichen Materialien stehen griffbereit.

Einstieg

Die Kinder sitzen im Kreis zusammen. Die Erzieherin zündet die Kerze an und die Kinder schauen bei ruhiger Musik dem Tanz der Flamme zu. In einem Gespräch wird zusammengetragen, was alles in der Dunkelheit strahlt und leuchtet. Nach diesem Gespräch schaltet die Erzieherin die Lampe aus und löscht die Kerzen. Der Raum ist ganz verdunkelt. Bei ruhiger Musik betrachten die Kinder den leuchtenden Sternenhimmel. Die Erzieherin erzählt, dass einer dieser Sterne Schnüffelfix ist und lädt die Kinder zu dem folgenden Märchen ein *(Die ruhige Musik kann leise im Hintergrund weiterlaufen).*

Gemeinsam mit den vielen großen und kleinen Sternen verbringt der Stern Schnüffelfix seine Nächte hier am Himmel. Jetzt in der Vorweihnachtszeit kommen die Sterne nicht zur Ruhe, denn sie sind Nacht für Nacht damit beschäftigt, die Erde zu beobachten. Wenn sie dann Tiere oder Menschen in Not sehen, fliegen sie hinunter und helfen. Auch Schnüffelfix schaut jede Nacht mit großem Interesse, was dort unten geschieht. Manchmal, wenn er etwas gesehen hat und mal wieder ganz neugierig ist, saust er, ohne den anderen Sternen Bescheid zu sagen, blitzschnell zur Erde. Dabei hinterlässt er oft einen hell glänzenden Schweif. Schnüffelfix hat seinen Namen von den anderen Sternen bekommen, weil er viel neugieriger ist als sie. Wenn er dann auf der Erde herumschnüffelt, vergisst er oft die Zeit. Erst wenn das Licht des Tages ihn fortschickt, verlässt er die Erde. Eines Nachts, als Schnüffelfix wieder einmal sehr neugierig ist, erlebt er etwas Sonderbares. Gerade, als er ganz langsam über einen glasklaren See hinweg zieht, entdeckt er im Wasser, direkt unter sich, einen klitzekleinen Stern. „Er ist bestimmt ins Wasser gefallen", flüstert Schnüffelfix leise und sofort saust er zum See hinunter, um zu helfen. Doch, was ist das? Je tiefer Schnüffelfix fliegt, um so größer wird der Stern im See! Als er direkt über dem See ist, bleibt er für eine Weile ganz ruhig stehen. Da sieht er, wie auch der Stern im Wasser ganz still steht. „O weh", sagt Schnüffelfix leise, „der Stern bewegt sich nicht, hoffentlich ist ihm nichts zugestoßen." Nachdem er eine ganz Zeit lang ruhig geblieben ist, wird er nun doch neugierig. Schnüffelfix fliegt ganz nah an die Wasseroberfläche heran, steckt vorsichtig ganz kurz eine Sternspitze ins Wasser und fliegt wieder ein Stück zurück. Er sieht, dass sich das Wasser und der Stern bewegen. „Gott sei Dank", sagt Schnüffelfix leise, „der kleine Stern lebt. Ihm ist nichts geschehen. Es muss ihm aber sehr kalt sein in dem glasklaren Wasser und darum will ich ihm helfen." Als er genau hinsieht, stellt er fest, dass der Stern im Wasser genauso aussieht wie er. Schnüffelfix ist sprachlos. Wie kann das sein? Er will nun dieser merkwürdigen Sache auf den Grund gehen. Schnüffelfix winkt dem Stern im Wasser zu. Und siehe da, der kleine Stern winkt zurück. Schnüffelfix lacht und der andere Stern lacht auch. Das beunruhigt ihn sehr. Dennoch wagt er sich wieder tiefer zum Wasser hinunter. Plötzlich macht es plumps und Schnüffelfix liegt im See.

Hu, das Wasser ist aber sehr kalt. Nun hält er im Wasser Ausschau nach dem anderen Stern. Doch wo er auch hinschaut, der Stern ist nicht da. Mit einem Mal ist es Schnüffelfix so kalt, dass er keine Kraft mehr hat allein zum Himmel zurückzukehren. Er liegt im Wasser, zittert und friert und denkt an seine Freunde. Dabei merkt er gar nicht, dass Hilfe naht. Es ist der Tag. Er kommt wie immer mit dem Licht und der Sonne. Als die Sonne den kleinen Stern erblickt, überlegt sie nicht lange: sie packt ihn mit ihren warmen Strahlen und bringt ihn blitzschnell wieder hinauf zu seinen Freunden. Die Sonnenstrahlen trocknen Schnüffelfix' Sternenkleid rasch und ihm wird wieder warm. Seine Freunde wollen unbedingt wissen, was Schnüffelfix erlebt hat. Er erzählt von seiner Begegnung mit dem Wasserstern und davon, dass dieser aussah, wie er selbst. Nachdem er ihnen von seiner abenteuerlichen Nacht berichtet hat, lachen alle anderen Sterne. Doch warum sie lachen, das weiß Schnüffelfix bis heute nicht. Wisst ihr es?

Abschluss

In einem Gespräch kann geklärt werden, warum die Freunde von Schnüffelfix gelacht haben.

Kreativangebot

Eine alte Wachsdecke wird auf den Boden gelegt. Die Kinder bekommen die Malutensilien, malen mit Wachsmalstiften einen Stern und übermalen diesen mit Wasserfarbe. Nach dem Trocknen werden alle Bilder zu einem Sternenhimmel aneinander geklebt und an eine große Wand oder unter die Decke gehängt.

Wie aus einem Bengelchen ein Engelchen wird

Geschichte

Material Für jedes Kind ein Kissen oder eine Sitzmatte, ein Stück feste Pappe, ein Stift, eine Schere, Klebstoff und Watte, eine Lampe, mehrere Teelichter im Glas und ein großes blaues Tuch.

Raumvorbereitung Die Kissen werden in Kreisform gelegt, das Material ist griffbereit.

Einstieg Die Kinder sitzen auf ihren Matten und basteln gemeinsam Wolken, d. h. sie schneiden Wolken aus Pappe und bekleben sie mit Watte. Diese verteilen die Kinder auf dem blauen Tuch, das in der Mitte liegt. Der so dargestellte Himmel regt zu einem Gespräch an. Danach sollen sich die Kinder vorstellen, dass oben bei den Wolken viele Engel leben. Es wird gemeinsam überlegt, ob die Engel so leben wie die Menschenkinder. Auch die Frage, ob Engel sich streiten oder nicht, kann gestellt werden. Danach wird der Raum verdunkelt und mit den Teelichtern geschmückt. Die Lampe strahlt den Himmel an. Die Erzieherin lädt die Kinder zur folgenden Geschichte ein.

Geschichte

Wenn ihr glaubt, dass nur Menschenkinder sich streiten, dann muss ich euch aber enttäuschen. Auch Engel haben manchmal untereinander Streit. Vor allem in der Vorweihnachtszeit, wenn alle wenig freie Zeit haben und von morgens bis abends arbeiten. Dann kommt es schon mal vor, dass sie sich, genau wie Menschenkinder, ärgern oder streiten. Am häufigsten ärgern sich die Engel über Martinus, denn er ist schrecklich faul. Nie will er helfen und für alles hat er eine Ausrede. So ist es auch heute. Die Engel haben wie immer viel zu tun. Sie putzen die Baumkugeln, fegen die Wolkenstraße und ordnen die Sterne am großen Wagen. Jetzt, kurz vor Weihnachten, müssen sie auch für die Menschenkinder die Geschenke einpacken, und das ist besonders viel Arbeit. Am heiligen Abend fliegen dann die großen und kleinen Engel hinunter zur Erde und stellen den Kindern die Geschenke unter den Tannenbaum. Wie immer sind alle Engel sehr fleißig und wie immer ist Martinus faul. Er liegt in seinem Bett und täuscht eine Krankheit vor. Heute hat er angeblich Bauchschmerzen. Die anderen Engel sind furchtbar böse auf ihn und beschimpfen ihn. Martinus liegt ganz still da und hört sich das Geschimpfe an. Doch nach einiger Zeit wird es ihm zu viel. Er steht leise auf und fliegt weit fort. Zum Glück haben die anderen Engel ihn nicht gesehen. Als sie mit ihren Arbeiten fertig sind, wollen sie noch einmal mit Martinus reden, denn so kann es nicht weitergehen. Gemeinsam gehen sie zu seinem Wolkenbett. Doch, was ist das? Martinus ist nicht in seinem Bett. Das macht die kleinen Engel nun noch ärgerlicher. Zusammen suchen sie ihn im großen Wolkenhimmel. Sie schauen hinter jede Wolke und immer wieder rufen sie nach ihm. Doch Martinus bleibt verschwunden. Den ganzen Tag verbringen sie damit, ihn zu suchen. Als es dunkel wird und Martinus noch nicht zurück ist, machen sie sich Sorgen und bedauern auch, dass sie ihn so ausgeschimpft haben. Betrübt sitzen sie gemeinsam auf einer Wolke und denken an Martinus. „Hoffentlich ist ihm nichts passiert“, sagt der Engel Simon mit zitternder Stimme.

Der Mond kommt vorbei und sieht die betrübten Engel. Er fragt: „Was ist geschehen?“ Der älteste Engel steht auf und sagt: „Martinus ist immer sehr faul. Er hilft uns nie bei unserer Arbeit. Er ist kein Engel, sondern ein richtiger Bengel. Deshalb haben wir heute mit ihm geschimpft. Nun ist er aber verschwunden und darüber machen wir uns große Sorgen." Der Mond verspricht zu helfen. Schnell eilt er fort aber schon nach kurzer Zeit ist er wieder zurück. Er kommt nicht allein, er bringt Martinus mit. „Hier habt ihr euren Bengel", sagte der Mond, „er hatte sich zwischen den Sternen versteckt und dort tief und fest geschlafen." Oje, kaum ist Martinus wieder da, schimpfen die Engel mit ihm. Der Mond hört sich alles an und sagt mit fester Stimme: „Ja, wenn aus einem Engel ein Bengel wird, dann kann er auch am heiligen Abend nicht mehr hinunter zur Erde, um den Menschenkindern die Geschenke unter den Baum zu legen. Ein Engel, der nicht hilft, muss hier oben bleiben." Als Martinus das hört, sagt er mit trauriger Stimme: „Ich möchte wieder ein Engel sein und werde meinen Geschwistern ab heute helfen. Aber bitte lasst mich hinunter zu den Menschenkindern." Kleine Tränen laufen über seine Wangen. Die anderen Engel schauen sich an. Sie haben Mitleid und reichen Martinus die Hand. Sie wollen den Streit mit ihm vergessen und wieder so miteinander leben, wie es sich für richtige Engel gehört. Hand in Hand gehen sie nun zurück zu ihren Wolken. Der Mond schaut ihnen noch lange hinterher und ist froh, dass aus dem Bengel Martinus wieder ein Engel geworden ist.

Kreativangebot

Mit Hilfe von Toilettenrollen, weißem Krepppapier, Goldpapier, Watte oder Engelhaar, Klebstoff, einer dicken Wattekugel, Filzstiften und Schere gestalten die Kinder einen Engel. Wolke und Engel können zusammen als Mobile aufgehängt werden.

Der Engel mit den Pustebacken

Reimgeschichte

Material

Für jedes Kind ein Sitzmatte, eine Holzunterlage, Malblätter, Stifte, ein Kassettenrekorder mit ruhiger Musik und einige Teelichte in Gläsern.

Einstieg

Die Kinder sitzen auf ihren Sitzmatten. Der Raum ist mit vielen Lichtern geschmückt. Ruhige, meditative Musik fordert die Kinder auf, still zu werden. Die Erzieherin bittet sie, die Augen zu schließen und sich einen Engel vorzustellen. Nachdem die Musik ausgeblendet ist, kann jedes Kind seinen Fantasieengel beschreiben.

Nun erzählt die Erzieherin in der Reimgeschichte, wie ihr Engel aussah. Bei dieser Reimgeschichte können die Kinder aktiv mitwirken, indem sie jeweils das letzte Wort sprechen.

Reimgeschichte

Der Engel mit den Pustebacken
hat Flügel mit ganz spitzen … (Zacken).

Er hat Augen, rund und schön,
mit ihnen kann er alles … (sehn).

Er hat Nase, Ohren, Mund,
der ist offen und ganz … (rund).

Singen kann er wunderbar,
er hat ganz langes Locken … (haar).

Auf seinem Kleid sind viele Sterne,
es glänzt ganz hell schon aus der … (Ferne).

Er packt Päckchen Tag und Nacht,
weißt du, was er damit … (macht)?

Er fliegt zur Erde ganz geschwind,
besucht dort jedes Menschen … (kind).

Legt die Päckchen vor die Tür,
er kommt bestimmt auch noch zu … (dir).

Doch sieht er dich, dann fliegt er fort
und sucht sich einen andren … (Ort).

Noch nie sah ihn ein Menschenkind,
weil Engel ganz, ganz leise … (sind).

Und eines, das ist jetzt schon klar,
der Engel, der kommt jedes … (Jahr).

Abschluss Die Kinder schließen noch einmal die Augen und stellen sich bei leiser Musik diesen Engel vor. Dabei beschreibt die Erzieherin nochmals mit Hilfe der Reimgeschichte ihren Engel.

Kreativangebot Die Holzunterlagen, Blätter und Stifte werden verteilt und die Kinder malen bei ruhiger Musik den Engel mit den Pustebacken.

Dem runden Stern, dem fehlen Spitzen

Reim- und Malgeschichte

Material Eine große weiße Pappe, ein gelber dicker Filzstift, für jedes Kind ein Holzbrett, ein Blatt weißes Papier und ein gelber Stift.

Hinweis In der Kreismitte liegt die weiße Pappe. Die Erzieherin hat einen dicken gelben Filzstift. Sie trägt den Reim vor und malt dementsprechend etwas auf das Blatt. Das letzte Wort der zweiten Zeile sprechen die Kinder jeweils mit.

Einstieg Die Erzieherin stellt ein Malrätsel. Dazu malt sie zuerst einen größeren Kreis auf das weiße Blatt. Die Kinder sollen nun erraten, was dieser Kreis darstellen soll. In einem Gespräch werden Lösungsmöglichkeiten gesucht. Danach spricht die Erzieherin folgenden Text und bittet die Kinder, immer das letzte Wort in der zweiten Zeile mitzusprechen.

Rätsel

Dem runden Stern, dem fehlen Spitzen *(auf den Kreis hinweisen)*
Man sieht ihn ganz allein hier … (sitzen).

Traurig schaut er hin und her, *(pantomimisch hin und her schauen)*
denn so fällt ihm das Leuchten … (schwer).

Ohne Spitzen geht es nicht, (den Satz leise sprechen)
diesen Satz er leise … (spricht).

Das hört der Wind und eins, zwei, drei,
eilt dieser ganz geschwind … (herbei).

Blasend kommt er nun daher *(pantomimisch blasen)*
der kleine Stern er zittert … (sehr).

Und auf einmal, ja, wie schön,
kann man Spitzen an ihm … (sehn) *(Erzieherin malt Spitzen)*

Durch das Zittern werden's mehr, *(Erzieherin malt weitere Spitzen)*
der kleine Stern, er freut sich … (sehr).

Der Wind ist fort, der Stern, er lacht,
die Spitzen hat er selbst ge … (macht).

Nun leuchtet er wie alle Sterne
ganz, ganz hell aus weiter … (Ferne).

Tausend Sterne stehn am Himmel *(Erzieherin malt viele Sterne)*
Es ist ein leuchtendes … (Gewimmel).

Wie kleine Sonnen strahlen sie, *(Erzieherin zeigt das Blatt)*
so hell war eine Nacht noch … (nie).

Kreativangebot

Jedes Kind bekommt eine Holzunterlage, ein Blatt und einen gelben Stift. Dann wird die Mal- und Reimgeschichte noch einmal wiederholt und von allen gemalt.

Ein Besuch bei den Weihnachtszwergen

Massagegeschichte

Material

Für jedes Kind eine Decke, ein großes Tuch, eine Duftlampe mit einem Zimtduft, ein Kassettenrekorder mit ruhiger Musik, eine Dose mit Weihnachtsplätzchen, viele Teelichter im Glas, eine Lampe.

Raumvorbereitung

Der Raum ist warm und verdunkelt. Für jedes Kind liegt eine Decke auf dem Boden. Diese sind in Kreisform angeordnet. In der Mitte liegt ein Tuch. Auf ihm steht die Duftlampe. Der Kassettenrekorder und die Dose mit Plätzchen stehen griffbereit. Der Raum ist mit den Teelichtern geschmückt. Eine Lampe strahlt den Mittelpunkt an.

Einstieg

Die Kinder setzen sich in leichter und bequemer Kleidung im Schneidersitz auf die Decke. Sie legen die Handflächen auf ihre Knie. Die Erzieherin stellt die Musik an und die Kinder schließen ihre Augen. Dabei atmen sie ein paar Mal tief und gleichmäßig ein und aus. Sie nehmen den Duft wahr, der sich im Raum entfaltet. Die Kinder lauschen der Musik und versuchen sich von der Unruhe, die sie bis jetzt begleitet hat, zu verabschieden. Durch das regelmäßige Atmen sollen sie zur Entspannung kommen. Nach einiger Zeit stellt die Erzieherin die Musik ab. Das ist für die Kinder das Signal, ihren Körper wieder zu wecken. Langsam bewegen sie jeden Körperteil, recken und strecken sich, gähnen, öffnen die Augen und setzen sich bequem hin.

In einem Gespräch können die Kinder ihre Gefühle und Eindrücke schildern und auch mitteilen, woran sie der Duft, der sich im Raum ausbreitet, erinnert *(Das Gespräch wird auf das Plätzchenbacken gelenkt)*.

Danach werden sie eingeladen, gemeinsam die Weihnachtszwerge zu besuchen und ihnen beim Plätzchenbacken zu helfen. Je zwei Kinder nehmen auf einer Decke Platz. Die Erzieherin lässt ruhige Musik laufen und erzählt die Geschichte von den Weihnachtszwergen.

(Ein Kind liegt auf dem Bauch, das andere massiert.)

Geschichte

In einem Tannenwald wohnen ganz versteckt die Weihnachtszwerge. Jedes Jahr zur Weihnachtszeit müssen die Zwerge viele Plätzchen backen und darum freuen sie sich über jeden, der kommt und ihnen beim Backen hilft. Heute wollen wir die Zwerge besuchen und ihnen helfen.

Kommt, wir machen uns nun auf den Weg *(mit den Handflächen sanft auf den Rücken schlagen)*. Nach einem langen Marsch *(mit den Handflächen auf den Rücken schlagen)* haben wir es geschafft. Die Zwerge haben in ihrer Backstube schon alles bereit gestellt. Zunächst säubern wir unseren Arbeitstisch *(mit den Handflächen über den Rücken reiben)*. Dann schütten wir das Mehl darauf *(mit den Fingerspitzen den Rücken berühren)* und verteilen die Butter *(mit der Handkante an verschiedenen Stellen des Rückens fester drücken)*, geben drei Eier dazu *(drei Mal mit den Fingerspitzen einer geschlossenen Hand etwas fester auf den Rücken schlagen und die Hand langsam öffnen)*, rieseln den Zucker hinein *(mit den Fingerspitzen über den Rücken krabbeln)* und beginnen nun zu kneten *(mit den Fingern den Rücken kneten)*. Nachdem alle Zutaten vermengt sind, schieben wir den Teig zusammen *(mit den Außenkanten der Hand von außen nach innen über den Rücken gehen)* und formen daraus einen Klumpen. Doch nun rollen wir ihn wieder aus *(mit den Händen über den Rücken rollen)* und stechen mit den Förmchen kleine Plätzchen aus *(an verschiedenen Stellen des Rückens fester drücken)*. Jetzt holen wir ein Blech, fetten es ein *(mit den Händen hin und her gehen)* und legen die Plätzchen darauf *(mit*

den Fingern die Plätzchen pantomimisch vom Rücken nehmen). So, wir haben es geschafft. Nun schieben wir das Blech in den Ofen *(die Hände lang über den Rücken schieben).* Jetzt haben wir ein wenig Zeit und räumen die Küche auf. Mit einem Tuch wischen wir den Tisch sauber *(mit den Handflächen über den Rücken wischen)* und dann sind die Plätzchen auch schon fertig. Vorsichtig nehmen wir sie vom Blech und packen sie in die Plätzchendose *(die „Plätzchen" vom Rücken nehmen).* Unsere Arbeit ist getan und es wird Zeit, nach Hause zu gehen. Draußen ist es schon dunkel. Ganz schnell laufen wir nach Hause *(mit den Händen schnell über den Rücken laufen).* Unterwegs denken wir immer wieder an das Plätzchenbacken bei den Weihnachtszwergen *(Partnerwechsel).*

Abschluss

Die Kinder sitzen wieder auf ihren Decken und können von der Massage berichten. Danach verteilt die Erzieherin Plätzchen von den Weihnachtszwergen.

Kreativangebot

Im Freispiel können Plätzchen gebacken werden.

Rezept **Müsliplätzchen**

Zutaten
3 Eiweiß,
150 g Früchtemüsli,
100 g gemahlene Nüsse,
80 g Zucker

Zubereitung Eiweiß steif schlagen und die restlichen Zutaten unterheben. Auf ein gefettetes Backblech kleine Häufchen legen und ca. 30 Minuten bei 150 Grad backen.

Mutters Traum vom Weihnachtsbaum

Reimgeschichte

Material

Ein großes weißes Blatt Papier oder ein Bogen Pappe, mehrere dicke, grüne Filzstifte und andere bunte Stifte.

Ergänzungsmaterial für das Freispielangebot: für jedes Kind grüne Pappe, Goldpapier und eine Schere.

Raumvorbereitung

Die Kinder sitzen in einem Kreis, die Materialien liegen griffbereit.

Einstieg

Die Erzieherin malt auf ein großes Blatt oder eine große Pappe die Umrisse eines Tannenbaumes. Während sie malt, erraten die Kinder das Motiv. Danach erzählt sie folgende Reimgeschichte:

Reimgeschichte

Ein wunderschöner Weihnachtsbaum,
ja, das ist Mutters größter Traum.
Sie wünscht sich, so wie jedes Jahr,
'nen Baum groß, breit und wunderbar.
Drum macht der Vater sich bereit,
er zieht sich an und geht ganz weit.
Er sucht in einem großen Wald
den Weihnachtsbaum, es eilt schon bald.
Der Vater sucht und dann, wie schön,
da hat er einen Baum gesehn.
Der ist groß und der ist breit,
macht seine Äste ganz, ganz weit.
Der Vater sägt den Baum dann ab,
bringt ihn nach Haus, nun ist er schlapp.
Er stellt ihn auf, herrje, o Schreck,
ein Stück von ihm, das muss noch weg.
Das Zimmer, es ist doch zu klein,
viel kürzer muss der Baum jetzt sein.
Der Vater sägt nun ab ein Stück,
jetzt passt der Baum, o welch ein Glück.

Die Mutter kommt, sie sieht den Baum,
erfüllt ist nun ihr großer Traum.
Der Baum, er macht sich ganz ganz breit,
er kriegt ein schönes Glitzerkleid.
Der Vater kommt, er staunt und dann
fangen sie zu singen an.
Vater, Mutter und das Kind
nun ganz froh und glücklich sind.
Jetzt ist der Baum, wie jedes Jahr,
ganz groß, ganz breit, ganz wunderbar.

Abschluss

Die Kinder können berichten, wie und wo sie ihren Tannenbaum besorgen. Vielleicht kann der ein oder andere von einem besonders lustigen Erlebnis erzählen. Danach wird der große Tannenbaum gemeinsam ausgemalt, geschmückt und als Raumschmuck an die Gruppentür oder die Wand geklebt.

Kreativangebot

Zwei gleiche Tannenbäume werden aus grüner Pappe ausgeschnitten. Beide Bäume werden mit Goldpapier geschmückt. Zum Schluss wird der eine Baum oben und der andere Baum unten eingeschnitten. Dann werden die beiden zusammengesteckt. Wieder ist ein schönes Geschenk fertig.

Komm mit mir ins Weihnachtsland

Fantasiereise

Material

Für 6–8 Kinder eine Decke, ein Kissen, ein Goldpapier-Stern, einige Teelichter im Glas, eine Duftlampe mit einem Weihnachtsduft, ein Kassettenrekorder mit ruhiger Musik, ein Weihnachtstuch, eine Lampe, für jedes Kind eine Schere und Goldpapier.

Raumvorbereitung

Der Raum ist verdunkelt und erwärmt. Die Decken sind in Kreisform angeordnet. In der Mitte liegt das Weihnachtstuch. Auf ihm steht die Duftlampe. Die Teelichter im Glas sind im Raum verteilt, der Stern, der Kassettenrekorder und die restlichen Materialien liegen griffbereit. Eine Lampe erhellt den Raum.

Einstieg

Die Kinder sitzen auf der Decke. Sie lauschen für einige Augenblicke ruhiger Musik. Danach zündet die Erzieherin die Teelichter an, legt den Goldpapierstern in die Mitte und trägt, begleitet von der Musik, folgenden Vers vor:

Vers

Ein Stern hält einsam treue Wacht,
er leuchtet hell heut in der Nacht.
Doch er braucht noch andere Sterne,
die mit ihm leuchten aus der Ferne.
Er ruft die Sterne zu sich her,
allein zu leuchten ist so schwer.
Viele Sterne kommen leise
zu ihm und machen eine Reise.
Gemeinsam ist es wunderschön
ganz leis' dann durch die Nacht zu ziehn.

Die Erzieherin verteilt Scheren und Goldpapier und die Kinder schneiden Goldpapiersterne aus. Damit schmücken sie den Raum und verwandeln so das Zimmer in ein Traumzimmer.

Danach setzen sie sich wieder auf ihre Decke. Sie betrachten den Sternenhimmel. Dann legen sie sich hin und machen die Fantasiereise ins Weihnachtsland. Ruhige Musik begleitet diese Reise.

Fantasiereise

Leg dich nun entspannt auf deine Decke.
Spüre, wie du mit deinem ganzen Körper Kontakt mit der Decke hast.
Schließ deine Augen und atme tief ein und aus.
Bei jedem Atemzug fühlst du dich wohler.
Schau mal, siehst du auch vor deinen Augen einen Sternenhimmel?
Die funkelnden Sterne gehören zum Weihnachtsland.
Komm, mach mit mir einen Ausflug dorthin.
Wir wollen es gemeinsam entdecken.
Schau mal, in der Ferne ist etwas zu sehen.
Bleib liegen, atme ruhig ein und aus und warte ab.
Hörst du auch den leisen Gesang?
Eine wunderschöne Melodie begleitet dich auf dem Weg ins Weihnachtsland.
Sie wird nun immer lauter und es hört sich an, als ob tausend Engel singen.
Du siehst vor dir ein großes, goldenes Tor.
Es führt ins Weihnachtsland.
Schau dich hier einmal um.
Es ist wunderschön im Weihnachtsland.

Hier kannst du vieles sehen, vieles hören und vieles riechen.
Lass dir Zeit, betrachte alles, was du im Weihnachtsland siehst, sehr genau.
Ich warte am goldenen Tor auf dich.
Geh nur allein und schau dich um im Weihnachtsland.

– Pause mit Musik –

Doch nun musst du Abschied nehmen vom Weihnachtsland
Komm, nimm etwas zur Erinnerung mit.
Du gehst zurück zum goldenen Tor, wo ich immer noch auf dich warte.
Gemeinsam gehen wir durch das Tor und machen uns auf den Heimweg.
Der Gesang der Engel begleitet uns.
Schau dich noch einmal um.
Ganz langsam schließt sich das Tor.
Jetzt ist es nicht mehr zu sehen.
Du siehst nur noch den Sternenhimmel mit den funkelnden Sternen.
Doch auch die sind nun nicht mehr zu sehen und vor deinen Augen wird es dunkel.
Die Reise ins Weihnachtsland ist beendet.

– Pause –

Bewege ganz langsam deine Finger, deine Arme, deine Füße, deine Beine, deinen ganzen Körper. Reck und streck dich, gähn laut und öffne deine Augen. Setzt dich auf deine Decke und erzähle mir, was du im Weihnachtsland gesehen und von dort zur Erinnerung mitgenommen hast.

Abschluss

Diese Fragen werden in einem gemeinsamen Gespräch beantwortet. Danach nehmen sich die Kinder zur Erinnerung an das Weihnachtsland ihre Goldpapiersterne mit. Diese können wiederum als Geschenk dienen.

Der unheimliche Traum

Rategeschichte

Material Viele kleine Päckchen oder Säckchen (gefüllt z. B. mit einem Tannenzapfen, Nüssen, einem Strohstern, einem Nussknacker, einer Kerze, einem Engel, einer Weihnachtsbaumkugel, einem Tannenzweig, Plätzchen, einem Apfel, Schokolade, einer Apfelsine, Zimtstangen, Weihnachtsdüften, Zetteln mit Rätseln, Weihnachtsliedern), ein großer, mit Geschenkpapier beklebter Karton, der mit einem Schleifenband zugebunden ist.

Weiteres Material für die Lösung der Aufgaben: ein Messer, ein Brettchen, Augenbinden.

Raumvorbereitung Ein Stuhlkreis ist gestellt. Der Karton und das restliche Material stehen griffbereit.

Einstieg Die Kinder sitzen im Kreis und die Erzieherin stellt das folgende Rätsel.

Rätsel **Was ist das?**

Du siehst sie, wenn es dunkel wird,
ihr Licht dich gut nach Hause führt.
Ganz plötzlich stehen sie dann da,
unendlich groß ist ihre Schar.
Sie strahlen nachts auf jedes Haus,
der Tag, er löscht ihr Licht leis' aus.
(Sterne)

Nachdem die Kinder das Rätsel gelöst haben, erzählt die Erzieherin ihnen von einem besonderen Stern.

Geschichte

Der kleine Stern Zickzack hat heute den ganzen Tag viel gearbeitet und so kaum Zeit gehabt, sich ein wenig auszuruhen. Er musste für die heilige Nacht die Wolken putzen, die Himmelsleiter reparieren und die Stube der Windhexe putzen. Das war eine schwere Arbeit. Heute hatte die Windhexe furchtbar schlechte Laune. Sie stand immer nur hinter ihm und blies ihm und allen anderen Sternen kalte Luft ins Gesicht, denn alle sollten noch schneller arbeiten. Wie froh ist Zickzack, als dieser Tag endlich vorbei ist. Ohne auch nur einen Happen zu essen oder einen Schluck zu trinken, kriecht er in sein warmes Federbett und schläft sofort ein.

Doch kaum sind seine Augen zu, da hat er einen furchtbaren Traum. Er sieht, wie er mit seinen vielen Geschwistern in dem großen Wagen die Milchstraße entlang flitzt. Der große Wagen wird von einem kleinen Bären gezogen. Die Milchstraße ist sehr holperig und die vielen kleinen Sterne werden von einer Seite auf die andere geworfen. Plötzlich bremst der große Wagen, er kippt um und Zickzack und viele andere Sterne werden herausgeschleudert. Einige Sterne halten sich noch am Wagen fest, andere retten sich auf eine Wolke, aber er und viele seiner Geschwister sausen im Sturzflug hinunter zur Erde. Nach einem turbulenten Flug landet Zickzack auf dem kalten, hart gefrorenen Boden. Als er sich umschaut, bemerkt er, dass er allein und verlassen auf einem Feld liegt. Plötzlich bekommt er große Angst und ruft so laut es geht um Hilfe. Zickzack hört ein Sausen und Brausen und eisige Kälte umhüllt ihn. Vor ihm steht die Windhexe und fragt mit böser Stimme. „Na, was hast du zu schreien?“ „Bitte bring mich wieder zu meinen Freunden und Geschwistern“, bittet Zickzack. „Was gibst du mir dafür?“, fragt die Windhexe. „Ich werde dir ab morgen ganz besonders viel helfen und dein ganzes Haus vom Keller bis zum Dach blitzblank putzen. Ich werde deine Zimmer schmücken, Weihnachtsplätzchen backen und dir bis zur heiligen Nacht jeden Abend eine Geschichte erzählen“, antwortet Zickzack mit zitternder Stimme. „Das hört sich gut an“, sagt die Windhexe, „aber bevor ich dir die Himmelsleiter reiche, musst du noch einige Aufgaben lösen.“ „O weh“, flüstert Zickzack, „alleine kann ich diese schwierigen Aufgaben bestimmt nicht lösen.“ „Darf ich mir Helfer holen?“, fragt er die Windhexe. „Wenn du welche findest“, sagt die Windhexe und lacht dabei ganz laut, „deine Freunde, die Sterne, sind ja nicht hier und die Menschenkinder hier auf der Erde, die helfen dir nicht. Die haben keine Zeit, denn bald ist auch bei ihnen Weihnachten und bis dahin müssen sie noch viel tun.“ „Wenn ich aber doch jemanden finde?“, fragt Zickzack schüchtern. „Ja, dann such mal schön“, antwortet die Windhexe, „ich gebe dir schon einmal dieses Paket. Eigentlich wollte ich es ja meiner Kusine, der Schneekönigin, zu Weihnachten schicken. Sie sollte die Aufgaben lösen. Doch jetzt bekommst du es. In dem Paket sind viel kleine Säckchen und Päckchen. Darin sind Aufgaben zum Raten, Riechen, Fühlen, Hören und Schmecken. Schaffst du es, sie bis morgen zu lösen, dann bringe ich dich wieder zu deinen Freunden und Geschwistern. Wenn nicht, dann musst du hier auf der Erde bleiben und kannst nie mehr zurück. Die Aufgaben sind sehr schwer, du schaffst es bestimmt nicht, sie zu lösen.“ Nachdem die Windhexe das gesagt hat, bläst sie dem kleinen Zickzack das Paket direkt vor die Füße und ist auch schon mit lautem Gekicher verschwunden. Sofort macht sich Zickzack auf den Weg, um nach Helfern zu suchen. Er braucht gar nicht lange zu gehen. In einem großen Haus findet er tatsächlich Kinder, die ihm dabei helfen, die Aufgaben zu lösen.

Die Erzieherin holt den mit den Säckchen und Päckchen gefüllten Karton. Die Kinder versuchen, die Inhalte herauszufinden, um so dem kleinen Zickzack zu helfen.

Aufgaben

Fühlen
Die Kinder erfühlen z. B. einen Tannezapfen, eine Nuss, einen Strohstern, einen Nussknacker, eine Kerze, einen Engel, eine Weihnachtsbaumkugel, einen Tannenzweig.

Riechen
Die Kinder erriechen z. B. Zimt, Tannennadelduft, Apfelsinenduft, Apfel, Anis.

Hören
Die Kinder erraten z. B. Nikolaus-, Advents- und Weihnachtslieder, die von den anderen Kinder gesummt werden.

Schmecken
Die Kinder schmecken z. B. Plätzchen, Schokolade, einen Apfel, eine Apfelsine, Nüsse.

Raten
Den Kindern werden Rätsel gestellt, z. B.:

Was ist das?
Sie leuchtet in die Nacht hinein,
sie brennt und schenkt uns ihren Schein.
Sie wärmt und macht die Menschen froh,
ja, ihr Licht, das mag ich so.
(Kerze)

Er steht im Zimmer riesengroß,
er bleibt dort ein paar Tage bloß.
Es wird geschmückt, sein grünes Kleid,
das glitzert und es leuchtet weit.
(Tannenbaum)

Er geht des Nachts von Ort zu Ort,
ist leise, spricht oft gar kein Wort,
legt Päckchen dann vor jede Tür.
Sag mir, war er schon bei dir?
(Nikolaus)

In einem Stall kam es zur Welt,
jeder hat von ihm erzählt.
Lag in der Krippe auf dem Stroh
Macht heut noch alle Menschen froh.
Wie heißt das Kind? Komm, sag es mir,
es kommt sehr bald wieder zu dir.
(Jesuskind)

Zwei Menschen zogen durch das Land,
ihr Name, der ist dir bekannt.
Niemand ließ ins Haus sie ein,
ihr Kind, es sollt' ein König sein.
(Maria und Josef)

Abschluss

Die Kinder sitzen wieder im Kreis und der Schluss der Geschichte wird erzählt.

Im Nu haben Zickzack und die Kinder die Aufgaben gelöst, und es hat allen viel Spaß gemacht. Noch bevor er sich bei ihnen bedanken kann, sind die Kinder verschwunden und vor ihm steht auch schon die Windhexe. „Na", sagt sie mit böser Stimme, „hast du deine Aufgaben gelöst?" „Schau doch selbst in das Paket", sagt Zickzack. Wie staunt die Hexe da. Zickzack hat wirklich alle Päckchen geöffnet und alle Aufgaben gelöst. „Nun bring mich aber zu meinen Freunden und Geschwistern, du hast es versprochen", sagt Zickzack und hüpft dabei von einer Sternenspitze auf die andere. Ihm ist kalt und er will so schnell wie möglich in sein warmes Bett. Die Windhexe hält ihr Versprechen und holt die Himmelsleiter. Schnell klettert Zickzack zurück in den Himmel. Er ist so müde, dass er auf dem Weg in sein Bett mitten auf der Milchstraße eine Pause machen muss. Doch kaum hat

Zickzack sich hingesetzt, da schläft er auch schon ein. Mit einem Mal wird er durch kräftiges Rütteln und Schütteln geweckt. Zickzack schaut sich um und ist erstaunt. Er liegt ja gar nicht auf der Milchstraße, sondern in seinem Bett. War denn alles nur ein Traum? Zickzack weiß es nicht so genau, aber er ist sehr froh, hier bei seinen Freunden und Geschwistern zu sein.

Kinderwünsche

Gedicht

Material Ein besonders schön dekorierter Briefumschlag mit einem Wunschzettel auf dem der unten angegebene Text zu lesen ist, ein Briefumschlag für jedes Kind, ein weißes Blatt, Goldpapier, Glitzerteile, Klebstoff, eine Schere, mehrere Spielzeugprospekte oder -kataloge.

Vorbereitung Die Erzieherin schneidet einen Puppenwagen aus, klebt ihn auf ein Blatt, schreibt darauf den unten angegebenen Text und legt dieses Blatt in den schön dekorierten Briefumschlag

Einstieg In der Kreismitte liegt der oben beschriebene Briefumschlag. Die Kinder sollen raten, an wen dieser Brief gerichtet ist. Danach wird die Adresse vorgelesen und der Brief geöffnet. Die Erzieherin zeigt ihn den Kindern und liest ihn vor.

Adresse:
An das Christkind
Sternenstraße 24
Im Wolkenland

Inhalt:
Liebes Christkind. Ich wünsche mir in diesem Jahr nur einen Puppenwagen. Wenn es möglich ist, so soll er genauso aussehen wie der auf dem Bild. Aber wenn Du keinen solchen Puppenwagen hast, nehme ich auch einen anderen.
Deine Jana

Nun können die Kinder über ihre Wünsche berichten und dem folgenden Gedicht zuhören.

Gedicht Wünsch dir was, komm, es wird Zeit,
Weihnachten ist nicht mehr weit,
denn jedes Jahr zur Weihnachtszeit,
machen Wünsche sich ganz breit.

Kinder möchten vieles haben,
freu'n sich über Weihnachtsgaben.
Ein Rad, ein Auto, einen Bär
wünscht sich der Peter ja so sehr.

Eine Puppe mit schwarzem Haar
wünscht sich Ute dieses Jahr.
Einen Bagger, einen Ball
wünscht sich der Klaus nur dieses Mal.

Einen großen Puppenwagen,
den möchte Jana gerne haben.
„Ein riesengroßes Kuscheltier",
ruft Susi, „ja, das wünsch ich mir."

So geht es jahraus, jahrein,
Wünsche sind mal groß, mal klein.
Zur Weihnachtszeit, da wär' es schön,
wenn Wünsche in Erfüllung gehn.

Am heiligen Abend unterm Baum
erfüllt sich dann so mancher Traum.
Da gibt es gar viele Sachen,
die Kinder froh und glücklich machen.

Wünsche haben Groß und Klein,
so wird es heut und immer sein.
Wünschen, ja, das macht viel Spaß,
drum komm, mach mit und wünsch dir was.

Kreativangebot

Jedes Kind dekoriert ein Briefumschlag mit Goldpapier und vielen Glitzerteilen. Dann schneidet es, seinen Wünschen entsprechend, aus den Prospekten oder Katalogen Spielzeug aus, klebt es auf ein Blatt und steckt dieses in den Umschlag. Schon ist der Wunschzettel fertig, er kann zu Hause auf die Fensterbank gelegt werden.

Ein eiskalter Wintertag

Fantasiereise

Material

Für jedes Kind eine Decke, eine Holzunterlage, ein Blatt Papier, Malstifte, viele Teelichter im Glas, ein Kassettenrekorder mit ruhiger Musik, ein schönes Seidentuch, eine Duftlampe und eine kleine Lampe.

Raumvorbereitung

Der Raum wird erwärmt, verdunkelt und mit den Teelichtern geschmückt. Die Decken werden in Kreisform ausgelegt. Die Mitte ist mit dem Seidentuch und der Duftlampe dekoriert. Die Lampe erhellt den Raum. Der Kassettenrekorder und das Malmaterial stehen griffbereit.

Einstieg

Die Kinder sitzen in leichter, bequemer Kleidung auf ihrer Decke, schauen in die Kerze und lauschen für wenige Augenblicke der ruhigen Musik. Danach legen sie sich auf die Decke *(Rückenlage erwünscht).* Die Erzieherin trägt mit ruhiger, leiser Stimme den folgenden Text vor. Musik untermalt diese Reise.

Fantasiereise

Leg dich locker und bequem auf deine Decke.
Atme tief ein und aus.
Bei jedem Atemzug hebt und senkt sich dein Bauch und du fühlst dich wohl.
Schließ' deine Augen.
Ich nehme dich nun mit auf einen Spaziergang.
Wir wollen gemeinsam den Winter entdecken.
Unser Spaziergang beginnt auf einem Feldweg.
Unter deinen Füßen knackt es, denn der Boden ist hart gefroren.
Die Pfützen haben eine dicke Eisschicht.
Auf den Wiesen liegt eine frostige Decke und auch die Büsche und Sträucher tragen einen weißen Mantel.
Dein Atem breitet sich vor deinem Mund wie eine Nebelwand aus.
Nichts bewegt sich, die Welt liegt da wie eingefroren.
Doch in der Ferne hörst du etwas plätschern.
Querfeldein gehst du auf das Plätschern zu.

Ein kleiner Bach schlängelt sich durch
die Wiese.
Das Wasser ist glasklar.
Du kannst bis auf den Boden schauen.
Ganz ruhig bleibst du stehen und
schaust in das Wasser.
Du bist erstaunt, was du da mitten im
Winter alles entdecken kannst.
Ganz lange bleibst du stehen, schaust,
staunst und bist still.
Doch nun werden deine Füße und deine Hände kalt.
Auch deine Nase ist so rot wie die eines kleinen Wichtels.
Auf dem Heimweg gehen wir durch einen Wald.
Nirgends ist ein Tier zu sehen.
Der Wald liegt im Winterschlaf.
Doch, schau mal, in der Ferne blinkt und glitzert etwas.
Du gehst schneller, um das Blinken aus der Nähe zu sehen.
Das Blinken und Glitzern ist so stark, dass es dich blendet.
Doch mit einem Mal ist es verschwunden.
Was war das? War es ein Weihnachtswichtel, der Weihnachtsmann
oder vielleicht sogar der Weihnachtsengel?
Du schaust dich um, doch nichts ist mehr zu sehen.
Du bist ein wenig verwirrt.
Auf dem Heimweg musst du immer wieder an das Glitzern und
Blinken denken. Was das wohl war?

– Pause –

Doch schau, jetzt bist du schon vor deinem Haus und unser
Spaziergang
ist beendet.
Du bist wieder in deiner Welt.
Die Bilder vor deinen Augen verschwinden.
Um dich herum ist es dunkel.

– Pause –

Wecke nun langsam deinen Körper
Beweg deine Finger, deine Hände, deine Armen, deine Zehen, deine Füße, deine Beine, deinen ganzen Körper. Reck und streck dich, gähn laut und öffne die Augen. Du bist wieder hier im Zimmer.

Kreativangebot

Die Kinder können ihre Gefühle und Empfindungen ausdrücken. Danach werden Malbretter, Papier und Stifte verteilt und die Kinder malen das, was ihrer Meinung nach im Wald geblinkt und geglänzt hat.

Inhalt der grünen Seiten

Die süße Kerze

Backangebot

Plätzchenrezepte gibt es wie Sand am Meer, deshalb möchte ich Ihnen heute ein besonderes Backrezept vorstellen. Die Erzieherin „backt“ am Tag vorher eine süße Kerze, um dieses Rezept mit einem kleinen Reim vorzustellen.

Die Kinder sitzen an einem Tisch und die Erzieherin stellt den Vers vor. Die Zutaten für die süßen Kerzen stehen griffbereit.

Vers

Ich habe heut an euch gedacht
und etwas Süßes mitgebracht.
Es ist ein Geschenk für dich,
(Die Erzieherin zeigt auf ein Kind)
es erinnert dich an mich.
Es ist aus Keks und Schokolade,
zum Essen ist es fast zu schade.

Das Geschenk ist wunderschön,
du hast so was noch nie gesehn.
Macht nun eure Augen zu
und Hokuspokus dann im Nu,
(Die Erzieherin stellt die süße Kerze auf den Tisch)
seht das Geschenk noch warm und frisch,
mitten auf dem Tisch
Kerzen gibt es ohne Zahl,
doch süße nicht, probier einmal.
(Die Erzieherin bricht für jedes Kind ein Stück ab.)

Nun bekommen alle Kinder die Zutaten und können eine eigene süße Kerze herstellen. An einem weihnachtlich gedeckten Tisch und in einem mit vielen Kerzen geschmückten Raum schmeckt diese süße Kerze allen bestimmt sehr gut.

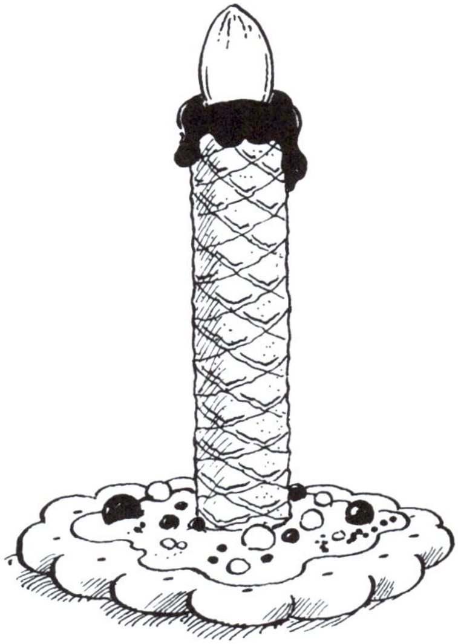

Herstellungsanleitung:

Zutaten

Butterkekse oder runde Kekse, Schokoglasur, runde Waffelröllchen, geschälte Mandeln, Zuckerperlen, Schokostreusel oder Kokosflocken, Puderzucker.

Zubereitung

Der Butterkeks oder der runde Keks ist der Kerzenhalter. Das Waffelröllchen wird mit der flüssig gemachten Schokomasse auf den Keks geklebt. Die geschälte Mandel symbolisiert die Flamme, die auch mit flüssiger Schokolade auf das Röllchen geklebt wird. Zum Schluss wird Puderzucker angerührt, auf den Keks verteilt und dieser kann mit Schokostreuseln, Kokosflocken oder Zuckerperlen bestreut werden. Diese Kerze kann verzehrt werden oder zu Weihnachten verschenkt werden.

Das in diesem Buch vorgestellte Lied vom Plätzchenbacken (S. 42) kann gut zur Abrundung oder zum Einstieg in dieses Angebot gesungen werden.

Das Apfelhaus vom Nikolaus und der Apfelnikolaus

Bastelangebot

Weihnachtsbastelangebote gibt es viele. Daher möchte ich es mir ersparen, auf die üblichen Angebote einzugehen. Ich möchte Ihnen ein besonderes Angebot zeigen, das bestimmt gefällt.

Es wird mit einem kleinen Vers vorgestellt. Dazu müssen Sie ein Musterhaus nach der unten angegebenen Beschreibung herstellen. Es steht auf einem mit Tannenzweigen ausgelegtem Holzbrett. Die Dekoration wie die süßen Plätzchen und der Goldpapierstern werden im Verlauf des Verses an das Haus gehängt bzw. gesteckt. Zusätzlich stellen sie noch aus einem Apfel einen Nikolaus her. Der wird zur Überraschung der Kinder zum Schluss dazu gestellt. *(Herstellungsanleitung siehe unten)*

Das Haus steht in der Mitte vom Tisch. Die Kinder sitzen darum herum. Das Material, aus dem sich jedes Kind ein Apfelhaus machen kann, steht griffbereit.

Vers

Schau in dem süßen Apfelhaus,
da wohnt der alte Nikolaus.
An den Fenstern hängen Sachen,
die den Kindern Freude machen.
(Die Erzieherin hängt die süßen Teile an die Stäbe)
Vier rote Kerzen leuchten hell,
sie zeigen dir den Weg ganz schnell
(Die Erzieherin steckt die Kerzen an, die in den vier oberen Äpfeln stecken)
zum zuckersüßen Apfelhaus,
denn da wohnt der Nikolaus.
Auf dem Dach, da kannst du sehn,
einen Stern ganz hell und schön.
(Die Erzieherin steckt in die Apfelspitze einen Goldpapierstern)
So schön ist dieses Apfelhaus,
in ihm da wohnt der Nikolaus.

Willst du den Nikolaus mal sehn,
komm' wir wollen zu ihm gehen.
Schließ die Augen, eins, zwei, drei,
kommt schon der Nikolaus herbei.
(Die Erzieherin stellt den Apfelnikolaus zu dem Apfelhaus auf das Holzbrett)
Nun steht vor seinem Apfelhaus
der alte, nette Nikolaus.

Apfelhaus

Material Neun kleine Äpfel, 16 lange Schaschlikspieße, bunte Krepppapierbänder, kleine Zuckerplätzchen oder Lebkuchen mit einem Loch, vier rote, dünne Kerzen, ein Stück Goldpapier, eine Schere, Nähgarn, Tannenzweige, ein Holzbrett (ca. 30 × 30 cm).

Anleitung Zunächst werden aus jeweils vier Äpfeln und vier Schaschlikspießen zwei Quadrate zusammengesteckt. Diese beiden Quadrate werden mit vier weiteren Schaschlikspießen verbunden; es entsteht ein Würfel. Jetzt werden vier Schaschlikspieße schräg in die Äpfel gesteckt, so dass sich ein Dachgiebel bildet. Den Giebelabschluss bildet wiederum ein Apfel.

Das Haus ist fertig!

Nun werden schmale Krepppapierstreifen um die Schaschlikspieße gewickelt und in die oberen vier Äpfel dünne Kerzen gesteckt. Durch die Plätzchen wird ein Nähgarnfaden gesteckt und aus dem Goldpapier ein Stern geschnitten. Diese Dinge liegen griffbereit.

Das Haus wird auf ein Holzbrett gestellt, der Boden kann mit Tannenzweigen ausgelegt werden.

Der Vers kann vorgetragen werden und zum Schluss stellt die Erzieherin den Apfelnikolaus zum Apfelhaus dazu.

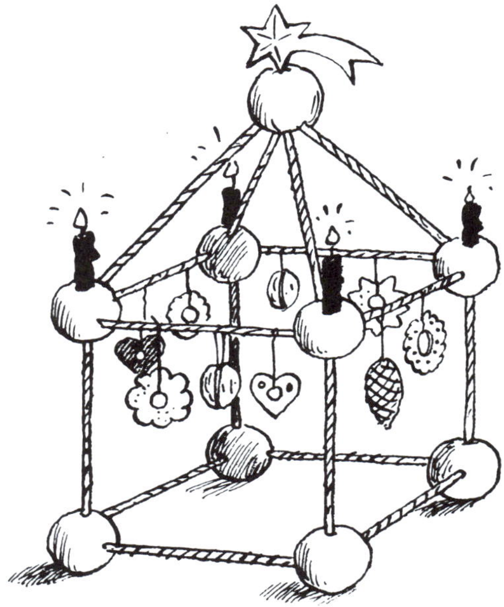

Apfelnikolaus

Material Ein Apfel, ein Zahnstocher, eine Mandarine, etwas Watte, etwas roten Filz oder rote Pappe, Klebstoff, Schere, schwarzes Papier.

Anleitung In den Apfel wird ein Zahnstocher gesteckt und darauf kommt die Mandarine. Aus dem Filz oder der Pappe wird eine Zipfelmütze gebastelt und auf die Mandarine geklebt. Aus der Watte werden der Bart und die Haare gemacht. Die Augen werden aus dem schwarzen Papier geschnitten.

Mal-, Mitmach- und Fingerspiele für die lange Wartezeit

Hinweis Auch Spiele können in einem gemütlichen Rahmen zu etwas Besonderem werden. Die hier angebotenen neuen Ideen für Mal-, Mitmach- und Fingerspiele machen in einer vorweihnachtlichen Umgebung, z. B. bei Kerzenschein, besonders viel Spaß.

So wie ein Kreis ist sein Gesicht

Malspiel

Material Für jedes Kind ein weißes Blatt, ein schwarzer Stift, Buntstifte

Hinweis Zunächst malt und spricht die Erzieherin diese Geschichte. Beim zweiten Erzählen malen die Kinder mit.

Geschichte

So wie ein Kreis, ist sein Gesicht,
(Kreis malen)
doch ohne Augen sieht er nicht.
(Augen malen)
Hat eine Nase so wie du
(Nase malen)
und einen Mund mal ich dazu.
(Mund malen)
Arme, Beine, einen Bauch,
die hat mein guter Freund ja auch.
(einen Körper malen)
Ein Mantel schützt ihn vor dem Wind,
(einen Mantel malen)
die Stiefel warm und mollig sind.
(Stiefel malen)
'Ne Mütze trägt er jede Nacht,
(eine Mütze malen)
wenn er einen Spaziergang macht.

Auf seinem Rücken liegt ein Sack,
(einen Sack malen)
den trägt er immer huckepack.
Ein Bart verdeckt fast sein Gesicht,
(einen Bart malen)
sag, kennst du diesen guten Wicht?
Es ist der liebe Nikolaus,
er kommt zu jedem bald ins Haus.

Kreativangebot Der Nikolaus kann bunt gemalt werden.

Das alte schiefe Haus

Mitmachspiel

Einstieg Zunächst macht die Erzieherin das Mitmachspiel vor. Dabei werden alle Bewegungen mit den Fingern, den Füßen oder mit dem ganzen Körper nachgespielt. Danach machen es die Kinder nach.

Spiel Aus einem alten, schiefen Haus
(Die Fingerspitzen der beiden Hände aneinander legen und die Arme schräg halten)
schaut jeden Tag ein Mann heraus.
(Hand vor die Stirn halten)
Hat einen Bart, ganz lang und grau,
(Mit einer Hand die Bartlänge zeigen)
der alte Mann, er ist sehr schlau.
Er trägt einen großen Sack
(Pantomimisch einen Sack tragen)
und geht damit dann, huckepack,
(In gebückter Stellung auf der Stelle gehen)
durch den schneebedeckten Wald,
hu, heute ist es bitter kalt.
(Mit verschränkten Armen die Oberarme reiben)
Leise fällt der weiße Schnee,
(Mit den Fingern das Fallen der Schneeflocken zeigen)

dort drüben läuft ein kleines Reh
(Mit dem Zeigefinger in eine Richtung zeigen)
und weit, weit hinten in der Ferne
(Die Hand vor die Stirn halten und Ausschau halten)
leuchten klar und hell die Sterne.
(Die Finger der beiden Hände spreizen)
Durch diese Nacht stapft dieser Mann
(Auf der Stelle gehen)
und hält vor jedem Haus dann an.
(Still stehen bleiben)
Legt ein Päckchen vor die Tür,
(pantomimisch spielen)
er kommt auch sicher noch zu dir.
(Mit dem Finger auf ein Kind zeigen)
Den alten Mann kennt jedes Kind,
(Mit dem Finger in die Runde zeigen)
du kennst den Namen ganz bestimmt.
Sag du es mir, wenn du es weißt,
(Mit dem Finger auf ein Kind zeigen)
wie dieser alte Mann wohl heißt.

Nun können die Kinder mitspielen.

Fünf Engel

Fingerspiel

Einstieg

Die Erzieherin bastelt einen Tag vorher aus Tortenspitzen fünf Engel und aus Watte eine Wolke. Diese Dinge liegen griffbereit und sind mit einem schönen Weihnachtstuch zugedeckt. (Bastelvorschlag für die Engel siehe unten)

Zunächst trägt sie das Fingerspiel ohne ihre Finger vor, d. h. sie zeigt jeweils die zum Text passenden Dinge und gestaltet damit Schritt für Schritt die Kreismitte.

Danach wird es als Fingerspiel durchgeführt. Die Bewegungen gibt der Text vor. Die einzelnen Engel werden durch die einzelnen Finger dargestellt.

Gedicht

Leise zieht am Himmelszelt
'ne Wolke durch die Sternenwelt.
(Die Wolke aus Watte zeigen bzw. mit den Händen eine Wolke bilden)
Fünf kleine Engel reisen mit,
sie laufen heute keinen Schritt.
(Die Finger einer Hand zeigen)
Sie wollen heut zum Nikolaus,
dort steigen sie erst wieder aus.
„Die Wolke muss uns Engel tragen",
so hört man laut den Ersten sagen.
(Einen Engel auf die Wolke setzen, d. h. den Daumen zeigen)
„Die Wolke bringt uns ganz weit fort,
nur sie kennt diesen schönen Ort",
so spricht der Zweite leise
auf dieser Wolkenreise.

(Den zweiten Engel auf die Wolke setzen, d. h. den Zeigefinger zeigen)
„Die Wolke fliegt geradeaus,
sie bringt uns heut zum Nikolaus",
das sagt der Dritte und fängt dann
laut und froh zu singen an.
(Den dritten Engel auf die Wolke setzen, d. h. den Mittelfinger zeigen)
„Dem Nikolaus, dem helfen wir
er steht bestimmt vor seiner Tür",
so ruft der Vierte und fängt dann
auch ganz laut zu singen an.
(Den vierten Engel auf die Wolke setzen, d. h. den Ringfinger zeigen)
Der kleinste Engel ist ganz leise
heut auf dieser Wolkenreise.
(Einen kleinen Engel auf die Wolke setzen, d. h. den kleinen Finger zeigen)
Die Wolke zieht entlang am Himmel,
um sie herum ist viel Gewimmel.
(Mit den Händen pantomimisch darstellen)
Tausend Sterne leuchten hell,
(Die Finger spreizen)
die Wolke, sie fliegt leis' und schnell.
Jetzt hält sie vor einem Haus,
fünf Engel steigen dort nun aus.
(Die Engel werden von der Wolke genommen und zur Seite getan, d. h. die Finger einer Hand zeigen und hinter den Rücken legen)
Und für ganz, ganz viele Stunden
sind die Engel nun verschwunden.
Man hört Poltern, Knistern, Knacken,
ob die jetzt wohl Plätzchen backen?
Die Zeit vergeht und, ach, wie schön,
man kann die Engel wieder sehn.
Fünf Engel fliegen nun nach Haus,
denn ihre Reise die ist aus.
(Die Engel werden wieder auf die Wolke gesetzt, d. h. die Finger einer Hand werden gezeigt)
Sag mir, was haben sie gemacht
in dieser weihnachtlichen Nacht?

Abschluss In einem Gespräch können die Kinder Mutmaßungen darüber anstellen, was die Engel in dem Haus gemacht haben.

Bastelanleitung:

Material Tortenspitzen, kleine Wattekugeln, weiße Watte, Schere, Klebstoff

Herstellung Die runde Tortenspitze in zwei Hälften teilen und eine Hälfte zu einem Kegel zusammenkleben. Kleine Wattekugeln als Kopf auf die Spitze kleben. Weiße Watte in dünne Fäden ziehen und auf den Kopf kleben. Den anderen Teil der Tortenspitze als Flügel auf den Rücken kleben.

Spiele und Rätsel rund um die Weihnachtszeit

Hinweis

Einige Tage vorher sammelt die Erzieherin Moos und mehrere dicke Äste. Diese werden, in unterschiedlichen Größen, an einer Seite gerade und an einer Seite schräg abgeschnitten. Auf die schräge Seite wird ein Gesicht mit einer Mütze gemalt. Als Nase bekommen die kleinen Wichtel eine Perle. Zusätzlich schreibt die Erzieherin die unten genannten Aufgaben und Rätsel auf kleine Zettel, die in besonders schöne Briefumschläge gesteckt werden.

Raumvorbereitung

Ein Stuhlkreis wird gestellt und die Materialien, die unten bei jedem Spiel angegeben sind, aber auch die Wichtel, das Moos, die Naturmaterialien und eine kleine Lampe stehen griffbereit.

Die Kinder sitzen im Stuhlkreis und die Erzieherin stellt das folgende Rätsel.

Rätsel

Wer ist das?
Sie sind so klein, du siehst sie kaum,
sie leben gern in einem Baum.
Es ist kein Mensch und auch kein Tier,
ich glaub, sie war'n schon mal bei dir.
Sie huschen leise und ganz sacht
durch die sternenklare Nacht.
Sie tragen eine spitze Mütze,
damit sie sie vor Kälte schütze.
Sie haben Schuhe, winzig klein,
und sind selten ganz allein.
Sie sind sicher dir bekannt,
sag, wie werden sie genannt?
(Wichtel oder Zwerge)

Danach wird aus dem Moos, den Naturmaterialien und den Wichteln eine Landschaft gelegt und mit einer Lampe angestrahlt. Die Erzieherin erzählt die folgende Geschichte.

Geschichte

Jedes Jahr bereiten sich auch die Wichtel, die in den Wäldern leben, auf Weihnachten vor. Sie basteln Geschenke für ihre Freunde, backen Plätzchen, schreiben Briefe und dekorieren ihr kleines Haus. Das ist sehr anstrengend und macht ziemlich müde. Deshalb brauchen die Wichtel hin und wieder einen Erholungstag. Dann machen sie es sich gemütlich, machen zusammen wunderschöne Spiele oder lösen lustige Rätsel. Dabei haben sie viel Spaß. Hin und wieder lachen sie so laut, dass die Menschen in dem nahe gelegenen Dorf dieses Lachen hören und ganz neugierig werden. Sie machen sich auf den Weg, um die Wichtel zu besuchen. Da die Wichtel mit den Dorfbewohnern befreundet sind, laden sie sie zum Mitspielen ein und so lachen, spielen und rätseln sie gemeinsam. Die Wichtel wollen auch unsere Freunde sein und deshalb haben sie uns heute Briefe geschickt, in denen viel zum Lachen, Spielen und Rätseln steht.

Die Erzieherin legt die Briefe in die Mitte. Sie werden nacheinander geöffnet und es kann nach Herzenslust gespielt, gelacht und geraten werden.

Zielwerfen mit Nüssen

Material

Zwei kleine Eimer, 20 Nüsse, 20 Goldpapiersterne.

Ablauf

Es werden zwei Spielgruppen mit je zwei Kindern gebildet. Pro Gruppe werden zehn Sterne hintereinander auf dem Boden verteilt. Darauf liegt je eine Nuss. Am Ziel steht ein Kind mit einem Eimer. Nun läuft jeweils das andere Kind vom Start aus zu den Sternen und versucht, nacheinander die Nüsse in den Eimer zu werfen.

Das Lichtermeer

Material Zwei Schüsseln mit Wasser, zehn Schwimmkerzen, Streichhölzer, eine Glocke, Augenbinden, Strohhalme.

Ablauf In jede Schüssel mit Wasser werden fünf Schwimmkerzen gelegt und angezündet. Auf ein Signal (Glocke) hin werden die Kerzen von je einem Kind ausgeblasen.

Variation
1. Den Kindern, die die Kerzen ausblasen, werden die Augen verbunden.
2. Die Kinder blasen die Kerzen mit Strohhalmen aus.

Der Plätzchenturm

Material Zwei Sorten Plätzchen (Z. B. Dominosteine und Spekulatius)

Ablauf Je zwei Kinder bekommen je fünf Dominosteine und fünf Spekulatius. Nun soll jeder einen Turm mit den zehn Plätzchen bauen (abwechselnd Dominostein und Spekulatius). Wenn die Türme stehen, d. h. wenn das Spiel nach mehrmaliger Wiederholung beendet ist, können die Plätzchen gemeinsam gegessen werden.

Die Pass-auf-Geschichte

Material Vier Äpfel, zwei Tafeln Schokolade, ein Teddybär, ein Auto, eine Puppe, ein Bilderbuch, eine Weihnachtstüte, ein Schuhkarton, ein Jutesack, fünf Nüsse, sechs Weihnachtsterne aus Goldpapier.

Ablauf Die Materialien liegen in der Mitte. Sechs Kinder knien darum herum. Die Erzieherin erzählt die folgende Geschichte. Immer, wenn die Gegenstände genannt werden, greifen die Kinder danach und holen den entsprechenden Gegenstand schnell aus der Mitte. Wer keinen Gegenstand bekommen hat, versucht sein Glück erneut im weiteren Verlauf der Geschichte.

Geschichte Die Wichtel sind jedes Jahr zur Weihnachtszeit für den Nikolaus wichtige Helfer. Sie helfen ihm, die Päckchen zu packen. Doch, o weh, in diesem Jahr sind fast alle Wichtel krank. Sie liegen mit Husten und Schnupfen im Bett. Nur Flipp-Flapp, der jüngste Wichtel, ist noch gesund. Also hilft er. Da er aber ganz allein ist, muss er von morgens bis abends nichts anderes machen, als Päckchen packen. Heute liegen noch viele Dinge auf dem Tisch, die alle verpackt werden müssen. Zunächst verpackt er die Äpfel *(die Kinder greifen nach den Äpfeln).* Sie werden in eine wunderschöne, Weihnachtstüte *(die Kinder greifen nach der Weihnachtstüte)* gepackt. Flipp-Flapp nimmt die Schokolade *(die Kinder greifen nach der Schokolade)* und packt sie in einen alten Schuhkarton *(die Kinder greifen nach dem Schuhkarton).* Nun holt er einen großen Sack *(die Kinder greifen nach dem Jutesack).* Dort hinein legt Flipp-Flapp den Teddybären, ein Auto, eine Puppe, ein Bilderbuch *(die Kinder nehmen diese Dinge)* und die letzten Nüsse. Jetzt hat er seine Arbeit geschafft und alles ist verpackt. Müde, aber völlig zufrieden, legt Flipp-Flapp sich ins Bett und viele glänzende Sterne *(die Kinder nehmen die Sterne)* schenken ihm einen wunderschönen Traum, einen Weihnachtstraum.

Das verschwundene Weihnachtsglöckchen

Material Eine Glocke und zwei Augenbinden.

Ablauf Ein Kind nimmt die Glocke und geht mit verbunden Augen im Kreis herum. Einem anderen Kind werden ebenfalls die Augen verbunden; es muss nun das klingende Glöckchen suchen.

Weihnachtliches sammeln

Material Weihnachtliche Gegenstände wie z.B. eine Kerze, eine Weihnachtskugel, ein Engel, ein Stern, ein Tannenzweig, ein Tannenzapfen, etwas Geschenkpapier, ein Nikolausschuh usw.

Ablauf Diese Dinge liegen in der Kreismitte. Einige Kinder knien darum. Die Erzieherin oder ein Kind beschreibt einen Gegenstand, ohne ihn zu nennen. Weiß ein Kind, um welchen Gegenstand es sich handelt, nimmt es diesen schnell aus der Mitte. Wer sammelt die meisten Dinge?

Variation Weihnachtliches fühlen

Ablauf Die oben genannten Dingen liegen in der Mitte. Zwei Kinder knien mit verbundenen Augen davor. Die Erzieherin beschreibt einen Gegenstand. Diesen sollen die Kinder aus der Menge herausfühlen. Wer fühlt am schnellsten?

Weihnachtsrätsel

Was ist das?
Er leuchtet hell wie tausend Sterne,
er leuchtet hell, weit aus der Ferne.
Er zeigt dir den Weg zum Kind,
das uns still die Freude bringt.
(Weihnachtsstern)

Wer ist das?
Er trägt einen Sack, ganz schwer,
kommt aus dem dunklen Wald daher.
Er stellt Geschenke vor die Tür,
er kommt bestimmt auch noch zu dir.
(Nikolaus)

Wer ist das?
Er wird zum Weihnachtsfest geschmückt,
er hat die Menschen oft beglückt.
Doch nach der Zeit kann man ihn sehn
vertrocknet in der Ecke stehn.
(Tannenbaum)

Wer ist das?
Sie fliegen leis, du siehst sie kaum,
vielleicht manchmal nur im Traum.
Sie haben Flügel, sind sehr schön,
du kannst sie oft auf Bildern sehn.
(Engel)

Was ist das?
Es duftet süß im ganzen Haus,
der Duft kommt aus dem Ofen raus.
Sie sind knusprig, schmecken fein.
Sag, was kann wohl dieses sein?
(Plätzchen)

Sie ist zuckersüß und rund.
Bevor sie kommt in deinen Mund
musst du sie schälen, ja und dann
fängst du vergnügt zu essen an.
(Apfelsine)

Hinweis In diese Spielrunde können die neu erlernten Finger und Mitmachspiele eingebaut werden.

Abschluss

Die Geschichte wird zu Ende erzählt.

Wieder ist ein wunderschöner Spielabend zu Ende. Die Wichtel und auch die Menschenkinder sind müde *(alle gähnen)*. Die Menschenkinder bedanken sich für den schönen Abend und gehen nach Hause *(mit den Füßen auf der Stelle gehen)*. Auch die Wichtel sind müde. Ein Wichtel nach dem anderen verschwindet in seinem Baum *(die Kinder können nacheinander die Wichtel aus der Landschaft nehmen)*. Es ist dunkel *(die Lampe ausschalten)* und bei den Wichteln im Wald und bei den Menschen in der Stadt ist alles ruhig, denn alle schlafen *(den Kopf auf die Hand und die Augen schließen)*. Erst als der neue Tag kommt, werden die Menschen wieder wach *(recken und strecken und die Augen öffnen)*. Nur die Wichtel, die sind weit und breit nicht zu sehen *(die Hand vor die Stirn halten und in alle Richtungen schauen)*.

Adventswanderung

Auf der Suche nach den Sternenkindern

Auf der Suche nach den Sternenkindern

Alle Jahre wieder beschäftigten sich die Erzieherinnen mit der Frage: Wie gestalten wir in diesem Jahr die Weihnachtsfeier? Natürlich möchte man, um der Zusammenarbeit zwischen Kindergarten und Elternhaus auch in der Vorweihnachtszeit einen Platz einzuräumen, gemeinsam mit Eltern und Kinder einige schöne Augenblicke erleben. Doch da auch an den Erzieherinnen der persönliche Vorweihnachtsstress nicht vorbei geht, sind ausgedehnte und programmierte Weihnachtsfeiern oft eine zusätzliche Belastung. Es müssen Lieder und Tänze einstudiert, ein Krippenspiel organisiert oder vielleicht sogar ein Kindergottesdienst vorbereitet werden. Mit welchem Aufwand diese Darbietungen oft verbunden sind, das benötigt keiner weiteren Ausführung. Aber verzichten möchte man auf eine Weihnachtsfeier dennoch nicht, denn trotz des Stresses waren die Feiern bisher doch immer „so schön“ (Aussage mancher Eltern). Also, was soll man machen? Zur Beantwortung dieser Frage, möchte ich Ihnen eine alternative Weihnachtsfeier vorschlagen. Sie brauchen für die Durchführung nur einen Wald, einen Park oder eine Wohngegend, durch die man mit einer Gruppe von Kindern und Erwachsenen gefahrlos schlendern kann. Neben ein paar Utensilien benötigen sie dann noch Eltern, die bereit sind, gemeinsam mit Ihnen einmal eine etwas andere Weihnachtsfeier zu erleben. Stellen Sie den Spaziergang unter ein Motto, z. B. „Auf der Suche nach den Sternenkindern“. Eine interessant gestaltete Einladungskarte wird bei den Eltern bestimmt Neugierde und Interesse für diese Adventswanderung wecken. Haben Sie den Mut, einmal einen anderen Weg als üblich einzuschlagen. Den Eltern wird dieser gemeinsame Abend unter freiem Himmel bestimmt gefallen. Diese Wanderung in der Dunkelheit bedarf einer gründlichen Planung. Ich möchte Ihnen einige Tipps geben, worauf sie achten sollten.

Tipps

1. Machen Sie den Eltern in der Einladung deutlich, dass die Aufsichtspflicht und die Obhut der Kinder in den Händen der Eltern und nicht in denen der Erzieherinnen liegt.
2. Melden sie diesen Spaziergang unbedingt bei ihrem Arbeitgeber an, damit sie abgesichert sind. Vergessen sie auch nicht beim Förster oder anderen zuständigen Behörden den Spaziergang anzumelden.
3. Gehen Sie den Weg vorher genau ab. Suchen sie befestigte Wege, denn im Dunkeln sind Unebenheiten nur schlecht oder gar nicht zu sehen.
4. Weisen Sie die Eltern auf mögliche Gefahren und Schwierigkeiten hin, die bei dem Spaziergang gegebenenfalls anzutreffen sind, z. B. matschiger und steiniger Boden, schmale Wege usw.
5. Planen Sie einen Spaziergang für höchstens eine Stunde und berücksichtigen sie bei der Auswahl der Wege, dass Eltern unter Umständen ihre Kleinkinder im Kinderwagen mitbringen.
6. Schreiben Sie deutlich auf, was die Eltern mitzubringen haben, z. B. Taschenlampen, Laternen, Wunderkerzen, ein Teelicht in einem Marmeladenglas, etwas für ein kleines Picknick, z. B. warme Getränke und Kekse. Zusätzlich sollte jede Familie etwas Tierfutter, z. B. einen Apfel, eine Möhre oder etwas Vogelfutter mitbringen.
7. Weisen Sie darauf hin, dass alle Teilnehmer warm und wetterfest angezogen sein müssen.
8. Jede Familie soll ein kleines Wichtelpaket, dessen Inhalt teilbar ist, (Wert vorher unbedingt festlegen) zusammenstellen und es einen Tag vorher ohne Namen im Kindergarten abgeben. Es ist ein Wichtelgeschenk für eine andere Familie, das am Schluss der Wanderung verteilt wird.
9. Aus organisatorischen Gründen sollen sich die einzelnen Familien bis ca. zehn Tage vor dem Spaziergang angemeldet haben.

Vorbereitung

1. Besorgen sie sich eine Öllampe (z. B. eine Stalllaterne). Diese Lampe ist das Weihnachtslicht, welches auf dem ganzen Weg von allen Teilnehmern getragen werden kann.
2. Basteln Sie pro Familie einen großen Stern aus Goldpapier. Dieser wird an einem dünnen Bambusstab befestigt. Die Sterne markieren den Wanderweg.
3. Suchen sie fünf Lieder aus, die nicht neu erlernt werden müssen. Lieder, die schon unsere Großeltern gesungen haben, sind auch heute noch beliebt. (z. B. „Leise rieselt der Schnee" oder „Kling Glöckchen")
   Machen Sie für jede Familie Kopien der Lieder. So können wirklich alle mitsingen.
4. Denken Sie selbst an eine Taschenlampe, ein warmes Getränk, die Liedtexte, den Sack mit den Wichtelgeschenken, Streichhölzer und die Öllampe.

Ablauf

Die Erzieherinnen stecken einige Stunden vorher mit den Sternen den Weg ab. Anfang und Ende der Wanderung sollten in etwa am gleichen Ort sein, damit Ankunft, Parken der Autos und die Abfahrt problemlos ablaufen können. Der Sack mit den Wichtelgeschenken wird hinter einem Baum oder einem Strauch versteckt.

1. Station

Alle Teilnehmer treffen sich an dem abgesprochenen Ort. Dort stellen sie sich im Kreis auf. Die Erzieherin begrüßt die Familien, gibt den Ablauf dieser Adventswanderung bekannt und weist auf eventuelle Gefahren hin.

Nun wird ein bekanntes Adventslied gesungen (Die Erzieherin wählt das Lied entsprechend aus) und dabei wird das Weihnachtslicht (Öllampe) im Kreis herum gegeben. Derjenige, der das Licht am Schluss des Liedes in seinen Händen hält, kann es ein Stück tragen (unterwegs kann es immer wieder einem Anderen gegeben werden). Nun reichen sich alle die Hände und begrüßen sich.

Nach dieser Einführung erzählt die Erzieherin eine kurze Sternengeschichte:

Geschichte

In der Vorweihnachtszeit kommen manchmal die Sternenkinder auf die Erde und schauen den Menschen bei ihren Weihnachtsvorbereitungen zu. Hin und wieder legen sie auch kleine Geschenke vor die Türen und Fenster, damit die Kinder sich schon auf Weihnachten freuen können. Auch vor einigen Tagen waren wieder etliche Sternenkinder auf der Erde. Sie haben bestimmt auch bei euch durchs Fenster geschaut. Doch als sie sich auf den Weg zurück zum Himmel machen wollten, haben sich 24 Sterne (die genannte Zahl richtet sich nach der Anzahl der teilnehmenden Familien) hier im Wald (bzw. im Park oder in der Wohngegend) verirrt. Jetzt macht der große Weihnachtsstern sich Sorgen. Er hat schon überall nachgesehen, doch die fehlenden Sterne hat er bisher noch nicht entdecken können. Er bittet die Menschenkinder, ihm bei der Suche zu helfen. Werden die Sterne von den Menschenkindern gefunden, so hat er für sie ein kleines vorweihnachtliches Geschenk.

Wir wollen uns gemeinsam auf die Suche nach den verloren gegangenen Sternen machen.

Nun gehen alle gemeinsam los. Mit den Taschenlampen suchen sie nach den Sternen. Haben sie einen entdeckt, so kann dieser von einer Familie mitgenommen werden. Nach ca. vier gefundenen Sternen wird eine Pause gemacht. Dann können sich alle mit warmen Getränken aufwärmen.

2. Station

Kurze Erzählung

Der Förster des Waldes versorgt schon seit Jahren im Winter die Tiere mit gutem Futter. Das wissen die Tiere, und sobald der erste Frost den Boden steinhart macht, warten sie auf ihn. Doch in diesem Jahr ist er noch nicht gekommen. Ob er die Tiere vergessen hat? Damit sie aber keinen Hunger leiden müssen, wollen wir ihnen heute unser mitgebrachtes Futter geben.

Die einzelnen Familien legen ihr Futter unter die Bäume.

Gemeinsam können alle ein ihnen bekanntes Lied singen und dazu klatschen.

Danach wird die Suche nach den verschwundenen Sternen fortgeführt. Mit Taschenlampen suchen alle wieder nach goldenen Sternen. Die gefundenen Sterne werden eingesammelt und an die Familien verteilt, die noch keinen Stern haben.

Nach vier gefundenen Sternen wird wieder eine Pause gemacht.

3. Station

An dieser Station können sich alle wieder mit warmen Getränken aufwärmen. Danach wird ein großer Kreis gebildet.

Kurze Erzählung

Die Sterne oben am Himmel haben eine Lieblingsbeschäftigung: abends rücken sie oft ganz dicht zusammen und erfinden gemeinsam Geschichten. Die sind so lang und so lustig, dass sie beim Erzählen kein Ende finden und auch gar nicht müde werden. Erst wenn der Tag mit seinem hellen Licht kommt, wird es für die Sterne Zeit, sich für den kommenden Abend auszuruhen. Auch wir wollen jetzt gemeinsam mit den Eltern eine weihnachtliche Geschichte erfinden. Die Kinder können gespannt zuhören.

Die Erwachsenen erfinden nun eine weihnachtliche Geschichte. Dazu wird die Öllampe im Kreis herum gegeben. Jeder, der die Lampe hält, versucht die Geschichte fortzuführen. Die Erzieherin kann beginnen. Beispiel: Es war einmal ein kleiner Stern. Der stand mit seinen Geschwistern jeden Abend am Himmel und schaute den Menschen auf der Erde bei ihren Arbeiten zu. Dabei entdeckte er eines Abends … Der letzte Erzähler beendet die Geschichte.

Zum Schluss kann wieder ein Lied gesungen werden. Die gefundenen Sterne werden gezählt und es wird festgestellt, dass gar nicht mehr so viele fehlen. Alle machen sich erneut auf die Suche nach den verlorengegangenen Sternen. Zu suchen sind wieder vier Sterne.

4. Station

Wie immer können sich die Teilnehmer erst einmal mit einem warmen Getränk aufwärmen. Dann stellen sie sich im Kreis auf.

Kurze Erzählung:
Die Sterne am Himmel tanzen sehr gerne. Wenn sie den Wind singen hören, können sie nicht mehr still stehen. Oft nehmen sie, um beim Tanzen noch heller zu leuchten, eine Kerze mit und dann singen und tanzen sie die ganze Nacht. Auch wir wollen heute wie die Sterne tanzen.

Die Kinder bekommen ein Teelicht, das in einem Glas getragen werden kann. Es wird ein bekanntes Lied gesungen, zu dem die Kinder tanzen.

Die Gruppe macht sich auf zur letzten Station. Vorher werden die bereits gefundenen Sterne gezählt. Mit den Taschenlampen werden die letzten Sterne gesucht. Die letzte Station ist gleichzeitig das Ziel.

5. Station

Die Erzieherin lässt die Sterne zählen und mit Freude wird festgestellt, dass alle verlorengegangenen Sterne, dank der Hilfe von Eltern und Kindern, gefunden wurden. Ein Freudenfeuer soll entzündet werden. Dazu bekommt jeder Erwachsene eine Wunderkerze (es gibt besonders lange Wunderkerzen im Handel zu kaufen) und jeweils ein Kind aus einer Familie hält dazu den Stern. Alle stellen sich noch einmal im Kreis auf. Die Erzieherin kann sich für die Hilfe und die Beteiligung bedanken und wünscht ein frohes Weihnachtsfest. Nun wird das Freudenfeuer (Wunderkerzen) entzündet und ein bekanntes Weihnachtslied gesungen. Die Kinder können mit ihren Sternen dazu tanzen. Eltern, Kinder und Erzieherinnen reichen sich zum Abschied die Hände und wünschen sich ein frohes Fest. Zum Schluss holt die Erzieherin den Sack mit der versprochenen Belohnung. Nun kann je ein Mitglied einer Familie in den Sack greifen und ein kleines Geschenk heraus nehmen. Die frohe Gemeinschaft kann sich dann langsam auflösen, d. h. die Reste der warmen Getränke werden getrunken und die letzten Plätzchen gegessen.

Danach kann jede Familie mit Weihnachtsstern und Geschenk den Heimweg antreten.

Hinweis Diesen Spaziergang habe ich in dem Kindergarten, in dem ich tätig bin, durchgeführt. Es war ein voller Erfolg. Nur Mut, probieren Sie es auch einmal!

Literatur

Ingrid Biermann
Adventstage
Herder Verlag, Freiburg 2000

Rolf Krenzer, Ludger Edelkötter
Kinderlieder – Krippenspiele
Impulse Verlag, Drensteinfurt 1992

Ursel Scheffler, Barbara Moßmann
Adventskalendergeschichten
Herder Verlag, Freiburg 1991

Christine Merz, Astrid Krömer
Das Mädchen an der Krippe
Kerle, Freiburg 2000

Zora, Andrea Erne
10 kleine Weihnachtsmäuse
Ravensburger Buchverlag, Ravensburg 2000

Almuth Bartl, Barbara Cratzius
Weihnachtsduft liegt in der Luft
Christophorus Verlag, Freiburg 2000

Hörbücher / CDs

Kläppchen öffnen*
Ingrid Biermann / Jörg Schnieder / Manfred Schnitzmeyer
Kinderland Verlag, Rüthen 1999

Kleine Kerze leuchte
Detlef Jöcker
Menschenkinder Verlag, Münster 1996

* zu beziehen über: Kinderland Verlag, Dorfstraße 24, 59602 Rüthen-Westereiden